EERSTE EDITIE - Gepubliceerd in 2022

Extra grafisch materiaal van: www.freepik.com
Dank aan: Alekksall, Starline, Pch.vector, Rawpixel.com, Vectorpocket, Dgim-studio, Upklyak, Macrovector, Stockgiu, Pikisuperstar & Freepik.com Designers

Ontdek gratis online spelletjes

Hier verkrijgbaar:

BestActivityBooks.com/FREEGAMES

5 TIPS OM TE BEGINNEN!

1) HOE OP TE LOSSEN

De Puzzels zijn in een Klassiek Formaat:

- Woorden worden verborgen zonder pauzes (geen spaties, streepjes, ...)
- Oriëntatie: Voorwaarts & Achterwaarts, Boven & Beneden of in Diagonaal (kan in beide richtingen)
- Woorden kunnen elkaar overlappen of kruisen

2) ACTIEF LEREN

Naast elk woord is een spatie voorzien om de vertaling te noteren. Om actief te leren vindt u een **WOORDENBOEK** aan het einde van deze editie om uw kennis te controleren en uit te breiden. U kunt elke vertaling opzoeken en opschrijven, de woorden in de puzzel vinden en ze vervolgens aan uw woordenschat toevoegen!

3) TAG JE WOORDEN

Hebt u al geprobeerd een labelsysteem te gebruiken? U zou bijvoorbeeld de woorden die moeilijk te vinden waren kunnen markeren met een kruis, de woorden die u leuk vond met een ster, nieuwe woorden met een driehoek, zeldzame woorden met een ruit enzovoort...

4) ORGANISEER UW LEREN

Wij bieden ook een handig **NOTITIEBOEKJE** aan het eind van deze uitgave. Of u nu op vakantie, op reis of thuis bent, u kunt uw nieuwe kennis gemakkelijk ordenen zonder dat u een tweede notitieboek nodig hebt!

5) AFGESLOTEN?

Ga naar de bonussectie: **FINAAL UITDAGING** om een gratis spel te vinden dat aan het einde van deze editie wordt aangeboden!

Wil je meer leuke en leerzame activiteiten? Het is Snel en Eenvoudig!
Een hele collectie spelboeken slechts **één klik verwijderd!**

Vind uw volgende uitdaging bij:

BestActivityBooks.com/MijnVolgendeBoek

Klaar... Start!

Wist u dat er zo'n 7000 verschillende talen in de wereld zijn? Woorden zijn kostbaar.

We houden van talen en hebben hard gewerkt om de boeken van de hoogste kwaliteit voor u te maken. Onze ingrediënten?

Een selectie van onmisbare leerthema's, drie grote plakken plezier, dan voegen we er een lepel moeilijke woorden en een snuifje zeldzame woorden aan toe. We serveren ze met zorg en een maximum aan verrukking, zodat je de beste woordspelletjes kunt oplossen en veel plezier beleeft aan het leren!

Uw feedback is essentieel. U kunt een actieve bijdrage leveren aan het succes van dit boek door een recensie achter te laten. Vertel ons wat u het meest beviel in deze editie!

Hier is een korte link die u naar uw bestelpagina brengt:

BestBooksActivity.com/Recensies50

Bedankt voor uw hulp en veel plezier met het spel!

Linguas Classics

1 - Metingen

و	ى	ك	ط	ش	ز	ن	ط	ر	ئ	آ	س	ذ	ص
إ	ز	ط	إ	ف	ت	ب	م	ض	ي	س	ب	ة	ى
ل	و	ن	ص	ف	ل	ت	ر	ؤ	ل	ع	ب	ى	ع
ت	ش	ح	ر	ش	ك	ع	م	ق	ة	د	ص	ئ	ل
ر	ب	و	ص	ة	غ	ر	ا	م	ض	ك	ح	د	ظ
أ	د	ق	ي	ق	ة	ض	س	ن	ت	ي	م	ت	ر
ن	و	ا	ل	ص	و	ت	غ	ل	ا	ل	ا	ص	ز
ظ	ص	ق	د	س	آ	س	ش	ة	ي	و	ل	ذ	ث
ت	ى	ك	ي	ل	و	غ	ر	ا	م	م	ط	إ	ج
ك	ا	ك	ظ	ة	ئ	ك	ط	ر	ت	ت	و	ذ	ط
ض	ت	ع	ش	ر	ي	و	ز	ت	ر	ر	ل	خ	ا
ة	ت	ل	ى	د	خ	ج	غ	ف	ة	ظ	ظ	ا	ش
ع	ض	م	ة	آ	س	ج	ب	ا	ي	ت	ح	ك	ي
إ	خ	ص	ح	إ	خ	ط	ل	ع	ب	ث	غ	ح	ى

عرض
بايت
سنتيمتر
عشري
عمق
وزن
غرام
ارتفاع
بوصة
كيلوغرام

كيلومتر
الطول
لتر
كتلة
متر
دقيقة
أوقية
نصف لتر
طن
الصوت

2 - Keuken

آ	ف	ج	ر	ة	ئ	م	إ	ص	م	ن	د	ي	ل
ز	آ	غ	ى	ج	ق	ئ	س	ف	ش	غ	إ	ط	ط
ج	ق	ج	ا	ت	س	ز	ف	ث	و	ل	ر	آ	ن
ض	ث	ر	و	و	ف	ر	ن	و	ا	ا	ق	ف	ق
ا	ل	م	ل	ا	ع	ق	ج	ص	ي	ي	ؤ	ز	ة
ل	ا	ج	ز	ب	ت	ا	ص	ف	ة	ة	ط	ث	ذ
ش	ج	م	ع	ل	ا	ظ	ء	ة	ا	غ	ع	ن	ا
و	ة	د	ت	م	س	أ	ص	ط	ظ	ن	ا	ف	ؤ
ك	م	ش	ت	ط	ق	ك	ش	آ	ص	ر	م	ذ	إ
ث	ع	ظ	ج	د	ز	و	ا	ث	ا	ح	ع	ة	ب
س	و	ق	س	ذ	ؤ	ا	ؤ	ك	ق	ز	ئ	ق	ر
ط	ى	ش	ي	ن	ح	ب	ق	ع	ي	د	ا	ن	ي
ئ	ب	و	ك	ف	ث	ص	خ	ص	ئ	ن	ي	ز	ق
ث	غ	ئ	ي	ج	ق	ج	ة	و	م	خ	ش	ط	ن

مغرفة
جرة
وصفة
مئزر
منديل
توابل
إسفنج
طعام
الشوك
مجمد

أكواب
عيدان
شواية
غلاية
ثلاجة
وعاء
إبريق
الملاعق
سكاكين
فرن

3 - Boten

أ	م	و	ا	ج	ن	ق	ا	م	ك	ط	س	ي	ح
ب	ح	ي	ر	ة	ه	ا	ل	ر	س	ا	ر	ي	ة
د	ر	ف	ت	ط	ر	ر	ع	ك	و	ق	ي	ر	ب
ؤ	ك	س	ح	ز	آ	ب	ب	ب	ر	م	ي	ا	ن
ت	غ	ط	ظ	ل	ا	ن	ا	ش	م	ف	ح	ط	ك
ت	ى	ئ	ط	ب	ل	ج	ر	ر	ئ	ظ	د	ي	ا
ل	ب	ح	ر	خ	ز	ا	ة	ا	د	ؤ	ا	ذ	ف
ط	و	ف	ص	ي	و	ة	ب	ع	ؤ	خ	س	ش	ة
ن	س	ط	ي	ل	ر	ة	ض	ي	ت	خ	إ	ش	ى
ع	و	و	ف	ب	ق	د	م	ئ	د	ؤ	ئ	ف	ظ
و	ض	و	ظ	ن	ح	ح	ب	ل	ط	ش	ن	ج	ع
ا	إ	ة	إ	ت	ا	ر	ي	ا	و	ع	ث	ل	إ
م	ر	س	ا	ة	ت	ز	ي	خ	ص	ث	ق	ت	ث
ة	ى	ث	ح	م	ح	ي	ط	ر	ت	ذ	ذ	ج	خ

محرك
بحري
محيط
قارب نجاة
نهر
حبل
العبارة
طوف
بحر
مركب شراعي

مرساة
طاقم
عوامة
رصيف
أمواج
يخت
كاياك
الزورق
سارية
بحيرة

4 - Chocolade

ك	ا	ع	ر	ث	ي	ف	ر	ح	ل	ا	ذ	ن	م
ر	ص	ؤ	ط	آ	ش	ص	ؤ	ذ	ل	ف	ك	س	ر
إ	س	س	ظ	ا	ح	ى	ش	س	ث	ه	ح	ص	ع
آ	ر	ل	ي	م	ا	ر	ك	و	ة	و	ص	ظ	ذ
ل	س	ك	م	س	ف	ر	و	ص	ق	ؤ	و	ك	ص
ذ	س	ر	ص	ن	ع	ل	ا	ف	ئ	ر	ث	خ	ف
ي	ع	ا	س	ئ	ص	ة	ث	ة	ؤ	ث	ي	ى	ص
ذ	ش	ر	ظ	ك	ب	د	ن	ه	ل	ا	ز	و	ج
ب	و	ل	ح	ت	ا	ي	و	ل	ح	ل	ك	ط	و
ا	م	ظ	ا	د	س	ة	آ	ز	ئ	ك	و	خ	د
ط	ف	ة	د	س	ك	أ	ل	ل	د	ا	ض	م	ة
خ	ض	ش	م	ظ	ب	ت	ع	م	ظ	ك	ل	ص	ذ
ئ	ل	ت	ظ	ة	ى	ب	ي	ر	غ	ا	ة	آ	م
ص	ث	ح	ت	ل	ي	ض	آ	ز	ؤ	و	ل	ت	ض

جوز الهند
جودة
مسحوق
وصفة
نكهة
حلويات
السكر
حلو

مضاد للأكسدة
الحرفي
مر
الكاكاو
غريب
مفضل
لذيذ
العنصر
كراميل

5 - Tijd

س	س	ا	ع	ة	ل	ا	ذ	ز	إ	م	ذ	ز	ث
ب	ن	ش	آ	ز	ا	ل	ل	ي	ل	س	م	ش	ب
خ	ج	ة	ر	ع	ي	ي	ض	آ	ا	ت	ب	ع	د
ا	ئ	ب	ض	ح	ا	و	ك	ص	ن	ق	ك	و	ص
ش	ي	خ	ا	ا	ث	م	ق	ق	ك	ب	ر	ق	أ
ه	د	م	ي	ص	ا	آ	ت	ص	ض	ل	ا	ت	م
ر	د	ة	ث	ى	ا	ج	ت	ط	ح	ؤ	ل	ا	س
ب	ت	ق	و	ي	م	خ	ق	ب	ي	غ	ع	ل	ج
أ	ر	ت	ي	ض	ؤ	ي	ى	ئ	و	ئ	ق	ظ	ل
س	ن	و	ي	ق	ص	ب	ا	ح	م	ض	د	ه	ا
ب	آ	و	و	ر	ة	ن	ذ	د	ق	س	د	ي	ج
و	د	ح	د	ن	ن	ى	غ	د	ا	ج	ن	ر	ث
ع	م	ط	ظ	ع	س	ش	آ	ط	ل	ز	ض	ة	ض
ا	غ	م	و	خ	ص	ج	ؤ	ؤ	ج	ن	ا	ي	ى

يوم	غدا
العقد	بعد
قرن	الليل
أمس	الآن
سنة	صباح
سنوي	مستقبل
تقويم	ساعة
شهر	اليوم
وقت الظهيرة	مبكرا
دقيقة	أسبوع

6 - Meditatie

آ	ط	ق	ع	ر	و	ظ	ن	م	ل	ا	ذ	ث	ن
م	د	ب	ط	ؤ	س	ف	ن	ت	ل	ا	ف	ق	ة
ة	ي	و	ف	ب	ش	س	ة	د	ا	ع	س	ف	س
و	إ	ل	ز	و	د	ف	ز	ل	ل	ح	ل	ي	غ
ف	ض	و	ا	ى	ع	ر	ل	ر	م	ر	ا	إ	و
ي	ل	ق	ع	ا	ي	ط	إ	ع	ر	ك	م	ض	ة
م	ش	ك	ب	ل	ف	ى	ا	س	ا	ة	و	م	ا
و	م	س	ظ	م	ي	ش	ن	م	ق	ح	ؤ	ل	ث
س	ط	س	آ	و	ش	ث	ت	ط	ب	ر	ع	ئ	م
ي	ب	ش	ة	ق	ة	ق	ب	م	ة	و	ظ	ص	ظ
ق	ي	ك	ل	ف	ذ	ى	ا	د	ا	ج	ة	ى	ئ
ى	ع	ر	ا	ك	ف	أ	ه	ط	ض	ا	م	ط	ظ
ث	ة	س	غ	خ	ل	ج	ف	ظ	ق	ي	ت	س	م
ب	ئ	ز	ظ	ئ	س	إ	ت	م	ص	ل	ا	ت	ص

انتباه
قبول
التنفس
حركة
شكر
العواطف
أفكار
سعادة
وضوح
الموقف

عطف
عقلي
موسيقى
طبيعة
المراقبة
المنظور
الصمت
سلام
اللطف
مستيقظ

7 - Zomer

ع	ص	ب	إ	م	ح	ؤ	ت	ى	و	خ	آ	آ	ط
خ	ط	ا	ت	و	د	ز	ب	ة	ح	آ	ا	ج	د
س	ة	ل	ر	س	ي	م	ح	ا	ن	ن	غ	ؤ	ر
ت	ف	غ	ة	ي	ق	آ	ر	ا	ل	ك	ت	ب	آ
ن	س	و	ر	ق	ة	غ	ب	ح	ص	ن	ا	د	ل
ج	ج	ص	ت	ى	د	ك	ذ	ل	و	آ	س	ر	ت
أ	س	ر	ة	ص	آ	م	و	ر	ظ	ؤ	ت	م	ض
ش	ط	ع	ا	م	ذ	ط	ل	ض	ذ	ؤ	ر	ذ	غ
ا	ل	ت	ر	ف	ي	ه	أ	خ	ي	ا	خ	ك	ا
ط	ت	ذ	م	و	ح	ر	ى	ل	ل	ص	ا	ر	ل
ئ	ن	ا	ب	ذ	ح	ا	ل	و	ع	ح	ء	ي	ن
ل	ل	س	ب	ا	ح	ة	آ	ي	ش	ا	ف	ا	ج
ا	ل	س	ف	ر	ب	ت	غ	ت	ث	ب	ب	ت	و
ت	خ	ي	ي	م	ؤ	ب	ق	ف	غ	ئ	ط	ت	م

النجوم
شاطئ
حديقة
عطلة
طعام
مرح
اصحاب
الترفيه
بحر
للسباحة

الكتب
الغوص
أسرة
ألعاب
ذكريات
تخييم
موسيقى
استرخاء
السفر
صنادل

8 - Vogels

ذ	ص	ؤ	ف	غ	ك	إ	ت	ز	ج	آ	س	ؤ	ن
ط	ن	ش	و	ك	ي	ي	ر	ج	ي	ج	ن	ي	ؤ
ق	ئ	إ	ع	ل	د	ف	ظ	ا	ش	ت	ح	ث	ت
ة	م	ة	ج	ق	ر	ظ	ت	ب	ب	غ	ا	ء	ا
ص	و	ث	ث	ى	ن	ف	ح	ط	ق	ئ	م	ح	ل
ب	ع	د	ئ	ك	ه	ع	ر	ة	ح	خ	و	م	ل
د	ج	ا	ج	ا	ي	ص	ا	ل	و	ق	و	ا	ق
ش	ب	ل	ك	ل	ر	ف	ط	م	ا	ط	ش	م	ل
ى	و	ط	ظ	ب	و	و	ؤ	و	ة	ل	ق	ة	ق
ب	م	ا	آ	ط	ن	ر	ذ	ى	ق	ؤ	ب	ح	ل
و	ة	و	غ	ر	ا	ب	ى	ط	ا	ا	ج	ج	ل
خ	إ	و	س	ي	ل	ص	ب	ج	ع	ة	ن	ع	ع
ر	ر	س	ا	ق	ض	ز	ن	و	ر	س	ع	ئ	ل
إ	و	ز	ح	ب	ي	ض	ة	ن	ر	غ	إ	ش	ب

حمامة
بطة
بيضة
نحام
إوز
دجاج
الوقواق
غراب
نورس
عصفور

اللقلق
ببغاء
الطاووس
البجع
البطريق
هيرون
نعامة
طوقان
بومة
بجعة

9 - Behoud

ق	خ	ع	ا	ل	م	و	ئ	ل	م	ق	د	ا	ع
آ	ف	ض	ل	ر	ت	ا	ت	ي	س	ك	ع	ط	د
ؤ	ض	و	ب	د	ط	غ	ء	ص	ت	ط	ق	ذ	ذ
م	ق	ي	ي	ث	و	ئ	ي	و	د	ب	س	آ	م
د	ط	ى	ئ	ئ	ع	ف	ت	ع	ا	ي	غ	ي	ن
ز	خ	ح	ة	د	و	ر	ة	ؤ	م	ع	ن	ك	ث
م	و	ا	د	ك	ي	م	ي	ا	ئ	ي	ة	و	م
ا	ل	ت	غ	ي	ي	ر	ا	ت	ا	ل	ص	ح	ة
و	ح	ا	ل	ت	ل	و	ث	ج	ظ	ع	ج	ق	ظ
ا	ل	ن	ظ	ا	م	ا	ل	ب	ي	ئ	ي	ل	ت
إ	ع	ا	د	ة	ا	ل	ت	د	و	ي	ر	ق	ع
ى	ع	ئ	ظ	ظ	ص	ص	ظ	ئ	ق	ب	ر	ي	ل
أ	خ	ض	ر	غ	إ	ى	ز	ق	م	ن	ا	خ	ي
م	ب	ي	د	ا	ل	آ	ف	ا	ت	ك	ة	ض	م

مواد كيميائية	تعليم
مستدام	عضوي
النظام البيئي	مبيد الآفات
دورة	إعادة التدوير
الصحة	التغييرات
أخضر	خفض
الموئل	التلوث
مناخ	متطوع
البيئة	ماء
طبيعي	قلق

10 - Wiskunde

ئ	ظ	ئ	ض	ت	خ	ت	ا	س	ط	ؤ	ي	ض	ع
د	م	ج	م	و	ع	ك	ش	ل	ج	ك	ز	آ	س
ر	ض	و	ع	ب	ز	ت	ث	و	ى	ؤ	و	ئ	ظ
ج	ل	ة	ل	ا	ك	ي	ظ	ق	ج	ط	ا	ث	ر
ا	ع	ظ	ؤ	ة	غ	ؤ	م	س	ت	ط	ي	ل	م
ت	ا	غ	ت	ع	ض	ق	ط	ر	ح	س	ا	ب	ق
ب	ط	ح	خ	ن	م	ث	ل	ث	ب	م	و	ا	ز
ب	ى	ح	س	ط	ا	غ	ح	إ	ع	ع	ع	ل	أ
د	ى	ث	ق	ف	ث	ظ	ض	و	ف	ا	و	ص	س
ؤ	و	د	ه	ن	ص	ظ	ر	ت	ي	د	ش	و	م
ج	ى	ي	ن	ع	ش	ل	ص	ح	ب	ل	ئ	ت	غ
ع	م	و	د	ي	ش	ك	ض	ش	ط	ة	ل	م	ز
ز	ف	ش	س	ك	إ	ر	ا	ل	أ	ر	ق	ا	م
ؤ	غ	ر	ة	آ	م	ح	ي	ط	ج	ز	ء	ك	ل

الأرقام
عشري
قطر
مثلث
أس
جزء
هندسة
درجات
زوايا
عمودي

محيط
مواز
مستطيل
حساب
مجموع
تناظر
مضلع
معادلة
مربع
الصوت

11 - Camping

ض	ش	خ	إ	ف	ك	ق	خ	ؤ	ف	م	إ	د	ت
ث	ة	ر	و	ص	ق	م	ل	ا	غ	ة	ع	ب	ق
و	ئ	ي	ر	ئ	ج	ر	ن	ا	أ	ص	ة	و	س
ز	ا	ط	إ	ب	ب	و	م	ة	ر	ش	ح	ص	ط
ح	غ	ة	ل	غ	س	ر	ج	ذ	ج	ك	ب	ل	ح
ة	ع	ي	ب	ط	ة	ا	إ	ز	و	م	ل	ة	ض
ا	ك	ز	غ	ع	ف	ل	ض	خ	ح	ب	ت	د	س
ل	ة	ب	ا	غ	ش	ح	خ	ف	ة	س	ر	ك	غ
أ	ب	ح	ل	ث	ق	ي	ف	ب	ي	ش	د	ث	ح
ش	ز	ي	ص	ق	ر	و	ز	ل	ا	ب	ن	ج	م
ج	خ	ر	ي	ر	ف	ا	م	د	ت	ز	ف	آ	غ
ا	ي	ة	د	ر	ا	ن	ي	ل	ز	ث	ث	ى	ق
ر	م	ئ	ل	ع	ز	ا	ص	د	ق	ض	ث	ي	ر
ن	ة	ش	ي	ص	ث	ت	ص	إ	ز	ى	ل	غ	ش

مغامرة
جبل
الأشجار
غابة
نار
المقصورة
الحيوانات
أرجوحة
قبعة
حشرة

الصيد
خريطة
الزورق
بوصلة
فانوس
قمر
بحيرة
طبيعة
خيمة
حبل

12 - Activiteiten

ج	غ	ك	آ	ض	ق	م	خ	ئ	ف	ا	ب	س	ق
م	ت	خ	ي	ي	م	ه	ي	ن	ر	س	ش	ح	ث
ن	غ	ؤ	ث	ؤ	ؤ	ا	ا	ؤ	ن	ت	ف	ر	ص
ؤ	خ	ى	ب	إ	ة	ر	ط	ل	ة	ر	ئ	ح	ف
م	ج	ذ	أ	ق	ق	ة	ة	آ	ن	خ	ح	ع	س
ا	ت	م	ا	ل	ح	ي	ا	ك	ة	ا	ج	ر	ؤ
ل	ل	ع	ئ	ت	ع	ي	ؤ	ط	ئ	ء	إ	غ	ز
ل	ك	ح	ة	ا	ز	ا	ذ	ب	غ	غ	ذ	إ	ر
و	و	غ	ر	ع	ف	إ	ب	س	ق	ر	ا	ء	ة
ح	ق	ق	ض	ف	ن	ؤ	ص	ت	ص	و	ي	ر	ص
ة	ا	ل	أ	ل	غ	ا	ز	ن	ش	ا	ط	ذ	م
ص	ي	د	ا	ل	س	م	ك	ة	ا	ل	ر	ق	ص
ا	ل	ص	ي	د	ا	ذ	خ	ث	ؤ	ق	س	ك	ن
ا	ل	ت	ر	ف	ي	ه	ص	ب	د	ز	ح	خ	ي

نشاط
الحرف
الحياكة
الرقص
تصوير
ألعاب
صيد السمك
الصيد
تخييم
فن

قراءة
سحر
خياطة
استرخاء
متعة
الألغاز
اللوحة
بستنة
مهارة
الترفيه

13 - Vormen

ا	د	ؤ	د	ب	ن	ا	ج	ل	ا	س	ث	ن	ب
ص	م	آ	ح	م	ط	ذ	ظ	ل	ش	ي	ق	ذ	ر
م	خ	إ	و	ث	ض	ؤ	ب	م	د	ا	ع	ث	ع
ذ	ر	ش	ا	ل	ذ	ي	س	س	ئ	ف	ا	ظ	ر
ج	و	ه	ف	ث	ض	ت	ث	ت	ز	و	غ	ق	ا
ر	ط	ر	ج	ا	د	د	ا	ط	ى	ن	ح	ن	م
ك	د	م	و	ي	ك	ا	ى	ي	ق	س	ب	ح	ل
ن	و	ي	ر	ش	ع	ئ	س	ل	و	ج	خ	آ	ظ
ا	ب	ع	س	و	ق	ر	ة	ن	ا	و	ط	س	ا
ح	ث	ز	ق	و	د	ة	ل	م	ع	ل	ض	م	ي
ؤ	ق	ز	د	ت	ر	س	ط	ك	ج	خ	ل	ر	ص
ج	ن	و	ض	ب	ط	ا	ذ	ع	ر	ة	ح	ب	ق
ت	ط	ة	ب	ز	ي	غ	ث	ب	ر	ض	و	ع	ز
ب	م	ئ	د	ئ	ا	ز	ل	ا	ع	ط	ق	ل	ا

قوس
اسطوانة
دائرة
منحنى
مثلث
ركن
القطع الزائد
الجانب
مخروط
مكعب

خط
البيضاوي
هرم
موشور
حواف
مستطيل
مستدير
مضلع
مربع

14 - Astronomie

ف	آ	غ	ر	ع	ق	م	ر	ص	ا	ر	و	خ	ا
ش	ف	س	ت	ا	ز	ر	ن	ة	ل	ط	ز	إ	ل
غ	ض	ط	ر	ل	ئ	ص	ج	إ	ب	ف	ط	س	ا
خ	ر	ا	ؤ	م	ش	د	م	أ	ر	ل	و	غ	ع
م	خ	آ	ل	ي	ط	ة	ف	ر	و	ك	آ	س	ت
م	ذ	ن	ب	ك	ؤ	ز	ل	ض	ج	ي	ث	ا	د
ش	ط	ب	ف	ن	و	ق	م	غ	ا	إ	ئ	ب	ا
س	د	ي	م	ي	غ	ي	ي	ص	ض	ء	و	غ	ل
ت	د	إ	ن	ز	ح	ش	ك	م	ق	ر	ا	ب	ح
ي	ش	ك	د	ك	ل	ص	ظ	ب	ة	ذ	ك	ث	ا
ر	ع	ط	ق	و	و	ؤ	ى	ذ	د	ع	ز	ن	و
ذ	ف	ؤ	و	ك	ؤ	ك	ر	ث	ئ	ك	و	ن	ى
ذ	ق	م	ض	ب	ئ	ح	ب	د	إ	ش	ع	ا	ع
ض	ى	ظ	و	ة	ج	ا	ذ	ب	ي	ة	ة	ؤ	ف

أرض
الكويكب
رائد فضاء
فلكي
البروج
الاعتدال
مذنب
عالم
قمر
نيزك

سديم
مرصد
كوكب
صاروخ
نجم
كوكبة
إشعاع
مقراب
كون
جاذبية

15 - Emoties

ح	ق	غ	ا	ه	م	ح	م	م	ح	ر	ج	غ	ث
ي	ع	ق	ل	ض	د	ن	ل	ض	ن	د	ز	ى	ش
ت	إ	ك	ه	ف	ق	و	ل	ا	ا	ل	ل	ط	ف
ط	ش	ط	د	ؤ	ش	ذ	ء	ؤ	ن	ص	ج	ل	ص
ئ	ض	ت	و	ر	ا	ض	ق	ض	م	غ	ض	د	ت
ش	ظ	ب	ء	ظ	ك	ش	خ	و	ي	ا	ح	ب	د
ت	ل	آ	ل	ع	ر	خ	ي	س	ل	ا	م	ز	م
ظ	ا	ق	ت	غ	ع	ع	و	ت	ة	ل	ت	ب	ن
ي	ظ	م	غ	ث	ز	ن	ي	ف	ص	ن	م	ئ	ة
ت	م	و	ث	ف	غ	ض	ب	ق	ظ	ع	ؤ	ث	غ
م	ف	ا	ج	أ	ة	ن	ذ	ؤ	ا	ي	ى	ح	ح
ن	ئ	ص	م	ت	ح	م	س	ش	ا	م	ن	خ	م
د	س	غ	ر	ف	ر	ذ	ى	خ	ص	ز	ظ	ن	ج
ف	ئ	م	ح	ت	و	ى	م	ي	ل	ج	ل	ئ	ك

خوف
محرج
شاكر
حزن
النعيم
محتوى
هدوء
حب
متحمس
الهدوء

ميل
حنان
راض
مفاجأة
ملل
سلام
مرح
اللطف
غضب

16 - Vakantie #2

ف	ن	د	ق	خ	ي	م	ة	ا	ت	خ	ي	ي	م
ا	ؤ	ق	إ	ة	ع	ط	ت	ل	ل	ص	د	ئ	ت
ط	إ	م	و	و	ط	ع	ر	ت	غ	ن	ظ	د	ا
أ	ح	ر	ك	ر	ل	م	ح	ح	ئ	ق	ق	و	ك
ك	ج	ز	ي	ر	ة	ط	ف	ف	ة	غ	ط	ل	س
ت	و	ن	ض	ك	و	ة	م	ظ	ق	ة	ا	ق	ي
خ	ا	ل	ب	ح	ر	ص	ض	ا	ر	ح	ل	ة	ق
ز	ز	ئ	آ	ي	إ	ث	ن	ت	ي	ش	ت	ج	ط
آ	س	غ	د	و	خ	س	آ	ب	ل	ي	ر	ط	ا
ق	ف	ؤ	ط	م	ر	ذ	ت	ئ	ا	غ	ف	ا	ر
ج	ر	آ	ح	ط	ي	و	ا	إ	ظ	ت	ي	إ	ب
خ	د	ة	ش	ا	ط	ئ	ج	س	ا	ق	ه	ظ	ض
ت	أ	ش	ي	ر	ة	خ	آ	ه	ج	د	ن	ط	ى
ي	ن	ش	خ	آ	ث	خ	ذ	ح	ة	ت	ل	ذ	ة

وجهة
أجنبي
جزيرة
فندق
خريطة
تخييم
مطار
جواز سفر
رحلة
التحفظات

مطعم
شاطئ
تاكسي
خيمة
قطار
عطلة
النقل
تأشيرة
الترفيه
بحر

17 - Weersomstandigheden

ؤ	ك	ي	ج	ف	ر	ؤ	ق	ا	ع	ث	ل	ل	ذ
ئ	ل	د	ي	إ	ج	ئ	ش	ل	ش	إ	ي	ق	ر
ض	ة	ر	ر	ط	ب	ة	م	ر	ص	ؤ	م	إ	د
ب	ؤ	ج	ث	ج	ب	ر	ق	ع	ش	ز	ج	ز	ج
إ	ل	غ	غ	ا	ة	آ	ر	د	ؤ	ق	ن	ب	ص
ر	ع	ع	ض	ف	ل	ا	ع	ا	ص	ف	ة	ق	ذ
ي	ل	ص	غ	ص	ئ	ا	ل	ض	ب	ا	ب	و	ص
ح	ذ	ل	ا	س	م	ا	ء	ح	ر	ك	ا	س	ف
ض	ف	ئ	ئ	ر	ج	ل	ي	د	ر	ق	م	ق	ي
ض	ج	ؤ	م	ح	غ	ف	س	م	ن	ا	خ	ز	ض
ط	ج	خ	ا	س	ت	و	ا	ئ	ي	و	ر	ح	ا
س	ح	ا	ب	ة	ى	ث	ث	ف	ص	ي	ؤ	ة	ن
ا	ل	غ	ل	ا	ف	ا	ل	ج	و	ي	ح	ب	ز
ن	ق	ط	ب	ي	ر	ق	ف	ؤ	إ	إ	ل	ؤ	ب

الغلاف الجوي
غائم
برق
الرعد
جاف
جفاف
سماء
جليد
مناخ
الضباب

فيضان
قطبي
قوس قزح
عاصفة
درجة الحرارة
إعصار
استوائي
رطب
ريح
سحابة

18 - Strand

م	ح	ي	ط	أ	ز	ر	ق	ا	ر	ب	ق	ع	و
ظ	ن	ى	ط	ح	ة	ط	ص	د	ذ	ض	ؤ	ط	و
ل	ل	ش	ل	ك	ئ	ج	ذ	ي	ن	د	ض	ل	د
ة	ك	ط	ف	ث	ط	ع	ي	س	ف	ذ	ش	ة	ت
ح	ح	ل	س	ة	ش	ب	س	ر	ز	س	س	ج	ا
ر	ذ	ا	ا	ص	د	ا	ف	ط	ئ	ى	ف	خ	د
ش	و	ج	ح	غ	غ	ك	ت	ا	ذ	ئ	إ	ت	ض
م	ف	و	ل	م	ش	ظ	غ	ن	ئ	ئ	د	ف	ف
س	ئ	ن	ل	ل	س	ب	ا	ح	ة	ن	د	م	ز
ل	ر	س	ج	ؤ	ت	ع	آ	ط	ع	ط	ح	ب	ي
ب	ف	و	ر	ر	ي	ز	و	ي	ب	ج	ن	ى	س
ص	ن	ا	د	ل	ى	ظ	ج	و	ي	ح	د	ز	ث
ق	ج	ز	ي	ر	ة	ز	م	ل	ئ	ئ	ر	م	ل
م	ر	ك	ب	ش	ر	ا	ع	ي	ف	آ	ح	ب	ر

أزرق
قارب
رصيف
جزيرة
منشفة
سرطان
ساحل
لاجون
محيط
مظلة
صنادل
اصداف
عطلة
رمل
بحر
مركب شراعي
شمس
للسباحة

19 - Eten #2

إ	ب	ث	د	و	ظ	ا	ي	ز	ة	ع	خ	ة	ى
ل	ش	ث	ج	ث	ق	ع	ن	ب	س	ؤ	ر	م	ف
ل	ت	ف	ا	ح	ب	ر	و	ك	ل	ي	ل	و	ز
ي	ح	ض	ج	إ	ة	ن	ف	ز	ر	ب	م	ف	ص
ك	ص	م	س	م	ك	ش	ر	ج	ل	ن	ة	أ	ة
ي	أ	ن	ا	ن	ا	س	ذ	ق	ه	ك	ف	ر	م
و	ر	ق	ر	ل	ف	ق	ظ	م	ل	غ	ل	ز	ة
ي	ؤ	آ	ص	خ	خ	ب	ز	ى	ي	خ	ر	خ	ب
ع	ق	ج	ظ	ج	ب	ن	ة	ذ	و	ق	و	ص	ا
ز	ب	ا	د	ي	ي	غ	ز	ي	ن	ؤ	م	خ	ذ
ط	م	ا	ط	م	ض	ذ	ة	ي	ك	ؤ	و	ح	ن
ل	و	ر	و	ظ	ة	ض	ط	ي	ر	ل	ز	ا	ج
ئ	ت	ص	ب	ذ	ض	ث	ة	م	ب	ث	ت	ب	ا
ح	ذ	ة	إ	ب	م	ا	ص	ا	ذ	ث	س	ف	ن

لوز
أناناس
تفاح
هليون
باذنجان
موز
بروكلي
خبز
عنب
بيضة

لحم الخنزير
جبن
دجاج
كيوي
خوخ
أرز
قمح
طماطم
سمك
زبادي

20 - Klimmen

ق	ذ	ش	ؤ	ا	غ	ج	ت	ب	خ	ص	س	م	م
ق	و	ة	غ	ح	س	آ	ت	د	ر	ي	ب	ك	خ
م	ف	خ	ب	ي	ر	ت	ج	ن	ي	ك	ؤ	ص	آ
ة	ة	ا	ح	ئ	ح	إ	ق	ي	ط	ر	غ	ح	ت
ب	ر	ج	ز	س	ج	ص	ز	ر	ة	ق	ع	ؤ	ث
ي	ط	خ	ت	ا	ا	ا	خ	ق	ا	س	إ	ؤ	و
ك	ذ	ن	ص	ت	ت	ب	ق	د	آ	ر	ر	ذ	خ
ذ	ت	ا	ة	ف	ة	ة	ا	ر	ت	ف	ا	ع	و
ا	ل	ت	ض	ا	ر	ي	س	أ	ص	ؤ	إ	ؤ	ذ
ت	ج	ى	ز	ث	ا	ل	ت	ح	د	ي	ا	ت	ة
ا	ل	ف	ض	و	ل	د	س	ذ	ك	ز	ع	إ	ض
ئ	ع	س	ي	ش	ة	غ	ا	ي	ب	ه	ث	آ	ة
ق	ش	ق	ق	ى	ا	س	ؤ	ة	ك	ى	ف	غ	ى
ا	ل	غ	ل	ا	ف	ا	ل	ج	و	ي	ى	ك	ث

أحذية
إصابة
الفضول
تدريب
ضيق
استقرار
التضاريس
التحديات

الغلاف الجوي
خبير
بدني
كهف
قفازات
خوذة
ارتفاع
خريطة
قوة

21 - Restaurant #1

غ	ل	م	ط	ب	خ	ت	ط	ب	ق	ت	ا	ا	ش
ش	ت	ن	ح	ز	ا	إ	ح	ا	ر	ذ	ح	ج	و
ن	ن	د	ل	م	ق	إ	ظ	ص	إ	د	ئ	ن	ظ
د	ا	ي	و	ح	س	ك	ي	ن	ع	د	ج	ا	ج
ص	و	ل	ى	ث	غ	ة	ذ	م	ك	و	ن	ا	ت
ب	ل	ر	ا	ع	ق	ل	ب	ح	ت	ض	ق	ي	ض
ح	ا	ص	ئ	إ	ه	ا	ك	ج	د	ب	ؤ	ط	ت
س	ل	ر	ة	إ	و	خ	ئ	ز	ض	م	ز	ي	ق
ا	ط	ا	ت	خ	ة	ب	ة	م	ج	د	ق	ر	ف
س	ع	ف	ى	ذ	ح	ز	ط	ع	ة	و	ع	ا	ء
ي	ا	ن	ا	د	ل	ة	ع	د	ظ	ل	ح	م	ؤ
ة	م	ؤ	ن	ش	ج	ب	ا	ى	ا	ر	ى	ئ	ذ
ئ	ع	ج	إ	ح	ت	ظ	م	خ	ي	ق	ك	خ	إ
ؤ	س	د	آ	ذ	ت	ش	ح	ي	ل	ت	ث	ي	ك

حساسية
طبق
خبز
لتناول الطعام
مكونات
صراف
مطبخ
دجاج
قهوة
وعاء

قائمة
سكين
حار
حجز
صلصة
نادلة
منديل
حلوى
لحم
طعام

22 - Geologie

ب	ف	ي	س	آ	ك	ت	ث	د	ك	س	ح	ج	ر
ل	د	ذ	ل	ؤ	ب	ه	آ	ظ	إ	ئ	ف	ط	ر
و	ر	ي	و	ك	ر	ض	ف	ك	م	و	ر	ب	ث
ر	ث	ا	خ	إ	ك	ب	ط	ق	ل	ئ	ي	ق	ز
ا	ث	ل	ز	م	ا	ة	ج	ح	ح	إ	ة	ة	ل
ت	ؤ	ح	ؤ	و	ن	ا	ل	م	ر	ج	ا	ن	ز
م	ة	م	ي	ل	ف	ط	ف	ض	و	ك	ل	ل	ا
ج	إ	م	س	ت	ب	ظ	ق	ق	إ	ص	ك	ز	ل
ى	ش	ص	خ	ن	غ	ك	د	ة	ر	ل	ل	ن	ئ
ش	ؤ	ق	ا	ر	ة	غ	ي	ش	ق	ى	س	ا	غ
ت	ي	ا	ن	ظ	ن	ى	ل	ط	ظ	ب	ي	ش	غ
د	ل	ع	ف	غ	د	ط	ز	ئ	م	ض	و	ز	ع
ب	ئ	و	س	ض	ي	ظ	ل	م	ر	و	م	م	ف
ا	ل	م	ع	ا	د	ن	ش	ظ	ت	ص	غ	م	ر

زلزال
الكلسيوم
قارة
تآكل
حفرية
سخان
مولتن
كهف
المرجان
بلورات

مرو
طبقة
الحمم
المعادن
هضبة
حجر
بركان
منطقة
ملح
حمض

23 - Specerijen

ن	ؤ	ى	ا	ق	ض	ز	ا	ل	ق	ر	ن	ف	ل
ط	ذ	ن	ل	ص	ر	ع	ن	ك	ا	ن	ك	ا	ق
ط	ق	ض	ح	ش	ج	ف	ب	ز	إ	ت	ه	ن	ذ
إ	ؤ	ب	ل	و	ر	ر	ة	ب	ى	ح	ة	ي	ي
ب	ص	ل	ب	ؤ	ج	ا	ض	ر	ص	غ	ذ	ل	ة
ي	ص	ذ	ة	آ	ا	ن	آ	ة	غ	ح	ج	ا	ج
ك	ف	ل	ف	ل	أ	ح	م	ر	ت	آ	ج	ة	و
ا	م	ق	ع	ش	س	ض	ؤ	ا	ح	ى	ر	م	ز
ر	ج	و	ذ	غ	م	ح	ب	ا	ل	ه	ا	ل	ة
ي	م	ر	ن	ت	ى	ق	و	م	و	ث	ل	ز	ا
ث	ى	ا	ز	ن	ج	ب	ي	ل	م	ؤ	ش	ث	ل
ا	ل	ي	ا	ن	س	و	ن	ز	ص	ر	م	و	ط
ض	ك	ص	ز	ج	ؤ	م	و	ر	ع	ظ	ر	م	ي
غ	ة	ؤ	م	ش	م	ل	ح	خ	ر	ج	ة	ص	ب

اليانسون
مر
الحلبة
زنجبيل
قرفة
حب الهال
كاري
ثوم
كمون
كزبرة

القرنفل
جوزة الطيب
فلفل أحمر
زعفران
نكهة
بصل
فانيلا
الشمرة
حلو
ملح

24 - Groenten

خ	ي	ا	ر	ب	ى	إ	خ	ب	ر	و	ك	ل	ي
ص	ف	س	ب	ا	ن	خ	ي	ا	ا	ج	ب	ف	ا
ع	آ	غ	س	ذ	ط	ظ	ل	ق	ر	ز	ة	ت	ا
ش	س	ط	خ	ن	ث	ا	ت	ف	ط	ر	ل	ت	ب
ث	ض	آ	و	ج	ة	ر	ب	ص	ل	ي	آ	ا	س
د	س	ز	ة	ا	ف	آ	ق	د	آ	غ	ن	ت	ء
ى	ط	س	س	ن	و	ن	د	ا	ل	ك	ر	ا	ث
ج	ع	ف	ع	ث	ا	ا	و	ط	م	ا	ط	م	ف
خ	د	ئ	ز	خ	م	ب	ن	س	ل	ط	ة	ل	ش
ت	ت	ق	ي	ث	ر	ظ	س	ز	ن	ج	ب	ي	ل
ح	ص	ئ	ت	ك	ة	ش	م	خ	ك	إ	ف	ج	ل
خ	ن	ط	و	ح	ي	آ	و	آ	ر	ش	ا	ق	ث
غ	ر	ق	ن	آ	د	ؤ	ي	ف	ف	م	ر	ح	و
ا	ض	آ	ا	و	ذ	غ	ز	ث	س	ئ	إ	ة	م

خرشوف
باذنجان
بروكلي
بازلاء
زنجبيل
ثوم
خيار
زيتون
فطر
بقدونس

يقطين
لفت
فجل
سلطة
كرفس
الكراث
سبانخ
طماطم
بصل
جزر

25 - Dans

ا	ل	أ	ك	ا	د	ي	م	ي	ة	ظ	ئ	ز	ع
ذ	آ	ش	آ	ك	ل	ا	س	ي	ك	ي	ط	م	ط
ة	ج	ث	ة	ق	ف	ش	آ	ر	ج	ئ	ض	و	إ
إ	ي	ق	ا	ع	ش	ل	ا	ى	م	ش	ع	س	ق
ك	ى	ا	ل	ك	و	ر	ي	غ	ر	ا	ف	ي	ا
ي	ئ	ف	م	ر	ح	ن	ي	ر	ح	ف	ش	ق	ب
ق	م	ة	و	ك	ث	ي	م	ك	ا	ر	ن	ى	ب
ر	ؤ	ئ	ق	ط	آ	ن	ع	م	ة	ؤ	ك	ى	ق
ح	ع	آ	ف	ف	ث	ب	ب	ر	و	ف	ة	ة	ئ
ع	ا	ط	ف	ة	ز	ص	ر	ت	ق	ل	ي	د	ي
ن	س	م	ع	س	ى	ر	ة	ث	ق	ا	ف	ي	إ
ر	ة	ش	ن	ى	ح	ي	ى	د	ي	ن	ج	ف	ز
ا	ق	ض	ز	ؤ	ل	ع	ي	م	ح	و	ؤ	ن	ل
م	ض	ر	ج	ل	ف	ج	ط	ط	م	ئ	ذ	ج	ط

الأكاديمية
حركة
مرح
الكوريغرافيا
ثقافي
ثقافة
عاطفة
معبرة
نعمة
الموقف

كلاسيكي
فن
جثة
موسيقى
شريك
بروفة
إيقاع
قفز
تقليدي
بصري

26 - Sport

ل	ث	ط	ج	ذ	ك	ز	آ	ت	ى	إ	ط	ا	ط
ث	ل	ق	س	ث	د	ر	ا	ج	ة	د	ئ	ز	ح
ط	ح	ر	ك	ة	ش	ي	ة	ئ	خ	ض	ح	ك	م
ش	ك	ت	ؤ	ئ	ض	ا	م	ا	ل	ف	ا	ئ	ز
ت	د	و	ش	ف	غ	ض	ظ	ؤ	ل	ا	ع	ب	ذ
د	ج	ز	ب	م	ك	ي	ة	ج	ا	س	ظ	ظ	ة
ى	م	ج	ا	ى	ف	ب	ر	ظ	ب	ث	ل	ط	ح
م	ه	ل	ظ	ج	ر	ث	ئ	ص	ك	ذ	ت	ة	ث
ص	و	ع	ع	ر	ي	ا	ض	ة	ب	د	ن	ي	ة
م	ك	و	ل	ب	ق	د	ب	و	ك	إ	س	ص	ئ
د	ي	ض	ى	ب	ط	خ	ذ	ب	ي	س	ب	و	ل
ر	ب	ا	غ	ف	ن	و	ي	آ	ح	ر	ش	غ	ك
ب	ج	و	ل	ف	غ	ض	ل	ز	ل	ع	ب	ه	ك
ط	ش	ل	ل	س	ب	ا	ح	ة	خ	ق	ا	ئ	س

رياضي
كرة السلة
حركة
دراجة
جولف
رياضة بدنية
هوكي
بيسبول
بطولة

حكم
لعبه
لاعب
ملعب
فريق
تنس
مدرب
الفائز
للسباحة

27 - Mythologie

ا	ك	أ	س	ط	و	ر	ة	م	خ	ل	و	ق	ل
ل	ب	ا	ش	ح	و	ن	ح	ح	إ	ى	س	و	ض
غ	ؤ	و	ر	ق	ر	ط	ا	ا	ي	ق	ا	ة	ر
ي	ر	د	ي	ث	ش	ي	ئ	ر	ن	ظ	س	ص	ع
ر	م	ت	ا	ه	ة	ى	ظ	ب	خ	ا	غ	ر	د
ة	م	س	خ	ن	ف	آ	ر	ر	ل	ن	م	ظ	ة
ر	ي	ي	ج	غ	س	ب	ن	ق	و	ت	ة	ث	ق
ت	ت	ط	ت	ف	ن	ط	ط	ا	د	ق	ة	ظ	ن
س	ل	و	ك	ف	ث	ل	ش	ل	ذ	ا	س	ظ	إ
ط	ث	د	ؤ	ر	ص	ة	ئ	س	ث	م	ل	ذ	غ
خ	ئ	ك	ع	ج	ر	ش	ا	م	ل	ظ	ئ	ر	ر
ر	ر	خ	آ	ا	ق	ث	ض	ا	ض	ل	ؤ	ب	و
ع	ؤ	ل	د	آ	ر	ز	ث	ء	ك	ل	ص	خ	س
ئ	ث	ق	ا	ف	ة	ط	غ	ج	ق	ع	ش	ح	د

برق
خلق
ثقافة
رعد
متاهة
سلوك
بطل
بطلة
السماء
الغيرة

قوة
محارب
أسطورة
سحري
مسخ
خلود
كارثة
مميت
مخلوق
انتقام

28 - Eten #1

ر	إ	ؤ	خ	ن	ا	ب	س	ج	ش	غ	ى	ك	غ
ث	ن	و	م	ي	ل	ش	ي	ث	ع	غ	م	ر	غ
ن	ا	ح	س	و	س	ة	ث	ط	ي	ث	ط	م	ة
ح	ى	ئ	ؤ	ج	ك	م	ح	ل	ر	ة	ن	و	ت
ز	ة	ل	و	ا	ر	ف	س	ى	د	ئ	ض	و	ئ
ر	ذ	ة	ق	م	ي	ط	ا	و	د	ئ	ك	ب	إ
ج	ل	آ	ت	ب	ح	ث	ء	ش	ت	ب	ي	ل	ح
و	ت	ط	غ	ص	ا	ب	ة	ي	ة	و	ه	ق	س
ب	ك	ف	ح	ل	ن	ح	ل	ح	خ	إ	ش	غ	ل
ة	ك	إ	ب	ص	آ	ر	و	ت	ق	ى	خ	ط	ط
ى	ؤ	ب	ق	ظ	ل	و	ع	ف	ن	ع	ج	ج	ة
ت	ض	ع	ل	ئ	ؤ	ص	ن	ص	ف	ز	ز	ف	ش
ذ	ش	ج	خ	ل	ي	آ	س	ة	ف	ر	ق	ذ	ئ
ح	ل	م	ؤ	ر	ص	ل	ش	م	ش	م	و	ث	ك

سلطة
عصير
حساء
سبانخ
السكر
تونة
بصل
لحم
جزر
ملح

فراولة
مشمش
ريحان
ليمون
شعير
قرفة
ثوم
قهوة
حليب
كمثرى

29 - Avontuur

م	غ	ر	م	ص	ز	ف	ظ	ى	ج	ي	ة	ذ	ي
ف	ي	ئ	ر	ع	ف	ر	ج	ل	ا	م	ج	ي	و
ا	ر	ب	ح	و	ت	ص	و	ل	خ	ر	آ	ج	ق
ج	ع	ش	ز	ب	ح	ة	م	ط	ش	ذ	ه	س	ب
أ	ا	غ	ز	ة	ض	ث	ي	د	ت	ة	ا	ك	ف
ة	د	ع	ن	ك	ي	ر	ف	س	ل	ا	ج	ت	ت
ض	ي	ش	ؤ	ض	ر	إ	ا	ج	د	ل	ن	ؤ	ا
ج	ا	ج	ح	م	ة	ع	ي	ب	ط	ج	ض	د	ل
ط	ل	ا	م	ج	ص	ن	م	أ	ش	د	ظ	ش	ت
ظ	م	ع	ا	ئ	ز	خ	ح	غ	غ	ي	آ	ق	ح
ع	ل	ة	س	ؤ	ا	أ	و	ؤ	ز	د	ا	ن	د
ب	ا	ح	ص	ا	ا	ص	م	ر	ف	آ	ش	ش	ي
ج	ح	و	ر	ؤ	ئ	ظ	م	ف	ا	ر	ح	ن	ا
ج	ة	ث	ش	ح	ص	ل	غ	ط	ظ	ع	ف	ص	ت

نشاط
وجهة
حماس
انحراف
خطير
فرصة
شجاعة
صعوبة
طبيعة
الملاحة

الجديد
غير عادي
السفر
جمال
التحديات
أمن
مفاجأة
تحضير
مرح
اصحاب

30 - Circus

ف	ا	ث	ا	ل	ح	ي	و	ا	ن	ا	ت	ا	ا
ن	ل	ا	ل	ف	ي	ل	غ	ث	ل	ع	ر	ل	د
ر	م	خ	ك	ص	ة	ق	ش	ض	م	ف	ص	م	ي
ح	ش	س	ح	ق	ز	ي	ع	م	ه	ر	ج	ح	ص
ز	ا	ح	ى	ط	ر	ب	ظ	و	ت	ش	ح	ت	د
ج	ه	س	ئ	ة	ك	د	خ	س	ح	ر	ص	ا	آ
ؤ	د	ك	ة	ض	ق	ئ	ف	ي	ق	ؤ	ط	ل	س
ع	ح	ي	ل	ة	ب	و	ق	ق	م	و	ذ	ط	ط
ط	ل	ر	ش	إ	ه	ع	ت	ى	س	ة	أ	ح	ج
م	و	ك	ب	ق	ل	س	ذ	ت	ؤ	ج	ع	س	ث
ا	ي	ق	د	و	و	إ	ك	ر	ب	ض	ب	ا	د
ب	ا	ل	و	ن	ا	ت	ر	ف	غ	غ	ؤ	ح	ذ
ة	ت	د	غ	م	ن	ش	ة	ي	ا	ج	ز	ر	ة
س	ق	ش	ظ	ر	ظ	آ	ت	ه	س	غ	ي	ل	ؤ

سحر
موسيقى
الفيل
موكب
حلويات
خيمة
نمر
المشاهد
حيلة
ترفيه

قرد
بهلوان
بالونات
مهرج
الحيوانات
ساحر
المحتال
تذكرة
زي
أسد

31 - Restaurant #2

ؤ	ي	ض	ح	ئ	ت	ا	ت	ف	ل	ا	ل	ة	ك
ي	ل	غ	ث	ح	ل	ت	ظ	ق	غ	ؤ	ا	ظ	ف
ظ	و	س	س	ن	خ	ظ	آ	م	ك	ا	ء	ا	م
ظ	ف	ا	ا	ل	ب	ا	و	ت	ر	ث	ئ	ب	ل
ظ	ء	د	ة	ن	م	ا	ث	س	س	م	ج	ؤ	ع
ت	ل	ف	ج	خ	ش	ئ	م	ذ	ي	ذ	ل	ي	ق
ز	ي	ا	ز	ض	ر	ى	إ	ج	ت	خ	ي	ع	ة
ظ	إ	ذ	ش	ك	و	ع	م	ف	م	ض	د	ض	ع
ن	ظ	ل	ج	غ	ب	ش	س	ئ	غ	ر	ف	ر	ي
ظ	ش	ص	ح	س	ي	ا	ل	ي	د	و	د	ج	م
خ	ش	ك	ب	ل	ض	ء	ط	ت	ا	ا	ع	ش	ف
ر	و	غ	ج	آ	ك	ب	ة	ق	ء	ت	ك	م	س
آ	ك	ق	ؤ	ي	ة	ن	و	ر	ك	ع	م	ل	ا
ش	ة	ه	ك	ا	ف	ح	ك	ف	ز	آ	ث	ح	خ

المعكرونة
النادل
سلطة
حساء
توابل
كرسي
سمك
شوكة
ماء
ملح

كيك
عشاء
مشروب
بيض
فاكهة
خضروات
لذيذ
جليد
ملعقة
غداء

32 - Bijen

ط	ص	ت	ب	ج	ي	ج	ط	ع	ا	م	آ	ا	ظ
ن	ل	ل	ن	خ	غ	ا	ع	خ	ل	ي	ة	ل	ت
ل	ق	ا	ح	و	ج	ص	س	ش	م	س	ش	ن	ؤ
ذ	ة	ش	ة	ج	ع	ث	ل	م	ل	ك	ة	ظ	ك
س	ر	ب	ة	ش	ز	ص	ف	ع	ق	ث	إ	ا	ذ
ب	ف	ا	ل	م	و	ئ	ل	د	ح	ح	م	م	ت
ن	ز	ت	ل	آ	ل	ؤ	م	خ	ا	ش	ف	ا	ظ
ف	ز	ه	ر	ز	ث	ت	و	ا	ت	ر	ي	ل	إ
س	ا	د	ي	ض	ه	أ	ج	ن	ح	ة	د	ب	س
ث	ا	ك	ث	ظ	ض	و	و	ا	د	إ	ة	ي	ع
ش	د	ز	ه	ظ	س	ث	ر	ب	ي	ص	ذ	ئ	و
ث	ف	م	ر	ة	ؤ	ن	ق	ى	ق	ت	ئ	ي	ى
ط	ى	ق	آ	ك	ص	ز	ت	ة	ة	ا	ش	غ	م
خ	ق	ع	م	خ	ط	إ	ن	ق	ي	غ	ع	ث	ص

الملقحات
خلية
الزهور
زهر
تنوع
النظام البيئي
فاكهة
الموئل
عسل
حشرة

ملكة
دخان
لقاح
حديقة
أجنحة
طعام
مفيد
شمع
شمس
سرب

33 - School #1

ك	ف	ى	ف	ك	خ	ص	أ	ع	ة	ن	ا	م	ا
ص	ج	ي	ف	ى	ر	ف	ؤ	ق	ل	م	و	ك	ل
ع	ل	ا	م	ا	ت	س	ح	م	ل	ظ	ر	ت	م
ا	إ	ز	ا	م	ر	ح	ي	ك	غ	ا	ق	ب	ج
ل	غ	ز	ل	د	ا	د	ن	ت	ا	د	م	ة	ل
ر	د	ا	ا	ر	ل	ت	إ	ب	ص	ن	ا	آ	د
ي	ز	ظ	م	س	أ	ل	ط	إ	ح	ى	ل	ء	ا
ا	ل	ك	ت	ب	ب	ي	س	ش	ا	ع	أ	غ	ت
ض	آ	ة	ح	غ	ج	ت	ض	خ	ب	ج	ج	ظ	ئ
ي	ز	إ	ا	ئ	د	ع	آ	ى	ع	ث	و	ض	ر
ا	د	ع	ن	ش	ي	ل	ي	ض	ر	خ	ب	ة	ح
ت	ت	ى	ا	ك	ة	م	ج	ج	ز	ص	ة	ت	ق
ز	ز	ق	ت	ل	ل	ب	ح	ض	ى	ف	ى	ف	ل
ف	ش	ة	ن	س	ك	د	ط	ز	س	ز	ؤ	ع	إ

الأبجدية
الأجوبة
مكتبة
الكتب
مكتب
الامتحانات
صف
مدرس
ليتعلم
غداء

المجلدات
علامات
ورق
أقلام
مرح
قلم
لغز
كرسي
اصحاب
الرياضيات

34 - Wandelen

ك	إ	ش	ي	ك	إ	ش	ن	ط	د	س	ب	ا	ج
ؤ	د	ج	ا	ص	م	ت	ت	ح	ض	ي	ر	ا	ز
ت	ق	ض	ص	ة	ف	إ	ك	ث	ئ	ج	ي	ل	و
ط	ش	ف	إ	ط	ط	ي	آ	ح	م	ئ	ي	ح	ص
ة	ئ	ع	ع	ك	ئ	ئ	ج	خ	ر	س	خ	ج	ذ
إ	و	ت	د	ا	ل	ح	د	ا	ئ	ق	ز	ا	ئ
ذ	ص	ة	ا	ل	ح	ي	و	ا	ن	ا	ت	ر	ئ
خ	ذ	ى	ل	م	ا	ء	ل	ط	ب	ي	ع	ة	ش
ق	خ	إ	ب	خ	خ	إ	و	و	ا	ت	ج	ا	ه
م	م	ى	ع	ا	ر	أ	ح	ذ	ي	ة	ب	ر	ى
ع	ت	ة	و	ط	ي	م	ن	ا	خ	ر	ل	آ	ف
ل	ى	ع	ض	ر	ط	ى	ش	م	س	إ	إ	و	ذ
ذ	ل	ي	ب	ع	ة	ث	ق	ي	ل	ث	ظ	آ	ن
ت	خ	ي	ي	م	ق	ى	ى	ى	ر	ذ	ك	ق	ج

جبل
الحيوانات
المخاطر
خريطة
تخييم
جرف
مناخ
أحذية
متعب
البعوض

طبيعة
اتجاه
الحدائق
الحجارة
قمة
تحضير
ماء
بري
شمس
ثقيل

35 - Ecologie

ن	ب	ذ	ئ	ن	ى	ع	ا	و	ن	أ	ل	ا	ش
ة	ا	ؤ	ل	ث	ت	ا	ن	ا	و	ي	ح	ل	ا
ش	ل	ى	ج	ش	غ	ث	ج	غ	ة	ا	ج	ن	ل
ش	م	ع	ط	ب	ت	ب	ن	خ	ا	ن	م	ب	ب
ح	ت	ؤ	ص	ط	ل	ئ	و	م	ل	ا	ع	ا	ح
ك	ط	ى	ي	ب	ق	ف	ا	ف	ج	ط	س	ت	ر
ح	و	د	ؤ	ي	ن	ل	ص	ؤ	ب	ج	ض	ي	ي
د	ع	ت	ا	ع	و	ن	ت	ي	ا	ج	ش	ة	ة
س	و	ع	ه	ة	ع	س	ع	ن	ل	ك	آ	ط	ح
ش	ن	ا	و	و	ص	ي	ب	م	ا	د	ت	س	م
آ	س	ل	ا	ئ	ك	ا	ت	ا	ع	م	ت	ج	م
ى	ؤ	م	ر	ط	ت	ث	ط	ص	س	م	ى	ف	د
ح	ي	ي	ع	ا	ص	ر	ع	غ	ك	ظ	ئ	م	ش
س	ض	س	ت	ل	ى	ح	د	ح	ئ	إ	ى	ث	ث

البحرية
اهوار
طبيعة
طبيعي
نجاة
نباتات
الأنواع
نوع
نبت
المتطوعون
الجبال
تنوع
جفاف
مستدام
الحيوانات
النباتية
مجتمعات
عالمي
الموئل
مناخ

36 - Installaties

ح	غ	ا	ب	ة	د	ؤ	ق	غ	ي	ع	م	ت	أ
ي	د	غ	ش	ر	ى	ن	ك	ن	ا	ل	ظ	ط	و
خ	ت	ي	و	ر	ح	ز	ح	ش	ض	م	آ	ز	ر
ز	ف	ف	ق	إ	م	ض	إ	ج	ط	ا	إ	ة	ا
ر	ف	ز	م	ة	و	ز	ه	ر	ة	ل	ى	ف	ق
ل	ع	ش	ب	ا	ة	ه	ص	ة	ؤ	ن	ق	و	ا
ب	ف	ل	و	ب	ي	ر	ي	ب	ا	ب	ئ	ظ	ل
ل	ا	ط	ش	ط	ح	ل	ب	ص	ل	ا	خ	ح	ش
ا	ص	م	ل	ف	ض	آ	ر	ذ	ن	ت	ص	ذ	ج
ب	و	ص	ب	ت	ب	ن	إ	خ	ب	ز	ج	ض	ر
ض	ل	ب	ق	و	ج	ر	ب	ى	ا	ز	م	س	د
ض	ي	ا	و	آ	ح	د	ى	ت	ت	ث	و	ذ	ف
ش	ا	ر	ن	ر	س	م	ا	د	ي	و	ر	ق	ة
ف	ز	م	ض	ل	د	ض	ظ	ز	ة	ج	ذ	ر	ر

بامبو
بيري
ورقة
زهرة
زهر
شجرة
فاصوليا
غابة
صبار
النباتية

أوراق الشجر
لبلاب
عشب
سماد
طحلب
علم النبات
بوش
حديقة
نبت
جذر

37 - School #2

ق	ن	ض	و	ر	ق	ا	ل	ك	ت	ب	أ	د	ب
ا	ث	ق	ق	ذ	ت	ل	ر	ئ	آ	ا	ح	ل	ك
م	ع	و	إ	ق	ق	ر	م	ش	ؤ	ؤ	ذ	ت	ض
و	ج	ا	ط	و	و	ي	أ	ك	ا	د	ي	م	ي
س	ع	ع	آ	ق	ي	ا	د	ز	ى	ن	ة	ئ	ة
ي	ة	د	ل	ا	م	ض	ا	ل	ح	ا	س	و	ب
ص	ت	ق	د	م	ش	ي	ي	ى	ئ	ر	ز	ع	أ
ث	ع	ذ	و	إ	ح	ا	ف	ل	ة	خ	ل	ح	ق
ن	ن	ر	ل	ظ	ن	ت	ع	ل	ي	م	ل	ت	ل
م	د	ر	س	ئ	إ	ح	غ	ح	إ	ث	ى	إ	ا
ر	ل	م	م	ك	ت	ب	ة	ط	غ	ئ	ر	ز	م
ف	ر	ح	ق	ي	ب	ة	ظ	ه	ر	ع	إ	س	ح
ط	ع	ل	ض	ص	ة	ش	ش	ث	س	و	ا	ج	ب
د	ج	ش	م	ؤ	ن	ع	م	إ	ج	ذ	ئ	ك	ث

أكاديمي
مكتبة
الكتب
حافلة
الحاسوب
قواعد
واجب
تقويم
مدرس
أدب

تعليم
ورق
أقلام
قلم
حقيبة ظهر
مقص
أحذية
علم
الرياضيات
قاموس

38 - Oceaan

خ	ا	و	د	و	ئ	ي	ت	ة	ق	ت	و	ن	ة
ق	ن	د	ي	ل	ا	ل	ب	ح	ر	ر	ر	م	ا
س	إ	س	ف	ن	ج	ع	ا	ص	ف	ة	ش	ح	ل
م	ر	ح	ل	س	ل	ح	ف	ا	ة	ظ	ح	ا	ط
ل	ف	ط	ك	ث	م	ى	ط	ز	ض	ص	ض	ر	ح
ح	ط	إ	ا	ج	ض	ك	ق	ش	ز	ف	ؤ	ا	ا
ا	م	ئ	ل	ن	و	د	خ	ع	ص	ط	ف	ل	ل
د	أ	م	و	ا	ج	ح	ر	ك	ب	ك	غ	م	ب
و	خ	ا	ل	م	د	و	ا	ل	ج	ز	ر	ر	ك
ل	ط	إ	ى	و	ث	ت	ن	ث	خ	ئ	م	ج	ك
ف	ب	ع	آ	ض	ذ	ط	ح	ع	ا	ع	م	ا	و
ي	و	ب	آ	ظ	ح	ث	ك	ب	ؤ	ئ	ت	ن	د
ن	ط	ج	م	ب	ر	ي	ق	ا	ر	ب	ع	ل	ي
ي	ظ	ط	ز	و	آ	ا	ا	ن	ن	ط	ط	إ	م

ثعبان
الطحالب
قارب
دولفين
جمبري
المد والجزر
أمواج
قرش
المرجان
سرطان

قنديل البحر
أخطبوط
محار
سلحفاة
إسفنج
عاصفة
تونة
سمك
حوت
ملح

39 - Landen #2

أ	ا	ا	أ	و	ك	ر	ا	ن	ي	ا	ف	ئ	ل
ي	ل	ل	أ	أ	ث	ي	و	ب	ي	ا	ر	ح	ب
ر	م	د	و	ش	ى	ا	ن	ذ	ح	ؤ	ن	و	ن
ل	ك	ن	غ	ث	ج	م	ي	ي	ز	ف	س	ى	ا
ن	س	م	ن	ش	ئ	إ	ب	آ	ا	ش	ا	م	ن
د	ي	ا	د	ة	ا	ا	ا	ظ	ر	ط	ف	ا	ا
ا	ك	ر	ا	ا	س	ك	ل	ط	ر	غ	ا	ل	ر
ا	ة	ك	ق	غ	ل	ذ	إ	إ	س	ظ	ر	ي	و
ي	ل	آ	و	و	و	ي	ف	ذ	و	ت	ف	ز	س
ش	ن	ي	ج	ي	ر	ي	ا	ص	ر	ز	ي	ي	ي
ا	ل	ص	و	م	ا	ل	ي	ب	ي	ر	ي	ا	ا
و	ف	خ	ة	ن	ل	ا	و	س	ا	ى	س	ز	ف
ت	ج	ل	ع	ي	ا	غ	ع	ح	ى	ن	ن	ن	خ
ز	ظ	ط	ز	ج	إ	ن	د	و	ن	ي	س	ي	ا

الدنمارك
أثيوبيا
فرنسا
اليونان
أيرلندا
إندونيسيا
اليابان
كينيا
لاوس
لبنان

ليبيريا
ماليزيا
المكسيك
نيبال
نيجيريا
أوغندا
أوكرانيا
روسيا
الصومال
سوريا

40 - Bloemen

ب	ا	ق	ة	أ	ز	ه	ا	ر	إ	آ	ر	ذ	ع
خ	ظ	ث	ة	م	ج	ا	ل	ك	ر	ك	د	ي	ه
ز	ن	م	ص	ا	ن	ا	ل	ه	ن	د	ب	ا	ء
ا	ف	آ	و	غ	ح	ح	ر	ب	ز	ق	ؤ	ر	ز
م	ل	ى	ظ	ن	ئ	ا	ت	د	ع	ن	د	ى	ه
ى	ئ	ة	خ	و	ب	ل	و	م	ي	ر	ي	ا	ر
ا	ل	س	ح	ل	ب	خ	ل	و	ا	ن	ز	ل	ة
ع	خ	ع	ؤ	ي	ا	ش	ي	ر	ع	ج	ي	ف	ا
ل	ب	ب	ب	ا	ظ	خ	ب	د	ى	ر	ي	ا	ل
ط	ذ	ث	ق	ن	ض	ا	ت	ة	آ	ث	ا	و	ع
ع	ب	ا	د	ا	ل	ش	م	س	ى	د	س	ا	ا
ا	ل	ن	ر	ج	س	ا	ل	ب	ر	ي	م	ن	ط
ز	ن	ب	ق	ش	م	ؤ	ذ	ب	خ	م	ي	ي	ف
ا	ل	ب	ت	ل	ة	ص	خ	ظ	ض	ق	ن	ا	ة

البتلة
باقة أزهار
جاردينيا
الكركديه
ياسمين
نفل
خزامى
زنبق
ديزي
ماغنوليا

النرجس البري
السحلب
الهندباء
الخشخاش
زهرة العاطفة
الفاوانيا
بلوميريا
وردة
توليب
عباد الشمس

41 - Huisdieren

ا	إ	و	ى	ش	ؤ	ش	أ	س	آ	ص	ص	ي	ط
ط	ب	ي	ب	ب	ي	ط	ر	ي	ل	ؤ	ش	خ	ع
ب	ق	ظ	ر	ز	ر	إ	ن	ي	د	ح	و	م	ا
ق	ض	ت	إ	ط	ص	ن	ب	ذ	و	د	ف	خ	م
ر	ا	ث	ج	ز	د	ع	آ	ع	ص	د	ر	ا	خ
ة	ض	غ	ي	ض	إ	ط	ش	ذ	ة	ذ	ي	ل	ة
م	ك	آ	ب	ف	ؤ	ث	ت	ج	ق	ط	ب	ب	إ
ا	غ	ذ	ئ	ج	ي	د	خ	ق	ؤ	ف	ؤ	د	ج
ء	ا	س	ج	ه	ر	ي	ر	ة	ى	ص	ئ	ز	س
ك	إ	ج	ط	ر	ض	ب	ض	ك	ظ	ط	ى	م	ح
غ	س	م	ك	و	و	ب	ج	ؤ	ض	ض	ك	ا	ل
ج	ر	ت	ل	ى	ق	غ	ى	ق	ذ	غ	م	ع	ي
س	ؤ	ا	ب	م	س	ا	ل	ك	ف	و	ف	ز	ة
ذ	ؤ	ق	ق	د	ا	ء	ف	أ	ر	ن	ى	ظ	ض

طبيب بيطري
ماعز
سحلية
كلب
قط
هريرة
مخالب
بقرة
أرنب
طوق

فأر
ببغاء
الكفوف
جرو
سلحفاة
ذيل
سمك
طعام
ماء

42 - Landschappen

س	د	ض	ل	ا	ل	ش	ت	ث	إ	ن	ى	ش	ز
ن	آ	ل	ى	إ	ذ	ث	ن	غ	ث	ر	ح	ب	و
ك	ر	ن	ص	م	ج	ج	د	و	ئ	إ	ا	ه	ا
ر	ي	ل	ث	ن	ا	ك	ر	ب	ش	ى	ص	ج	ح
د	ي	ل	ج	ل	ب	ج	ا	ط	ي	م	إ	ز	ة
ف	ج	ي	د	ا	و	ز	و	ي	ط	س	ت	ي	و
ة	ب	ت	خ	خ	ع	ي	ك	ذ	ل	ت	غ	ر	ط
ك	ل	ت	ت	ب	ز	ر	ه	ن	ظ	ن	ض	ة	ا
ة	ر	ؤ	ح	ك	ش	ة	ف	ل	د	ق	إ	ع	ف
ى	ظ	ي	ل	ص	م	ط	ي	ح	م	ع	ؤ	ن	ق
ي	ر	ظ	ح	ف	ر	م	ص	غ	ن	ة	ر	ط	ج
ة	ئ	ر	ب	ظ	ة	م	ا	ؤ	غ	ذ	ز	آ	ق
ن	ا	خ	س	إ	ى	ذ	إ	ر	ت	خ	ت	ل	ل
ء	آ	ز	د	ظ	ز	ظ	ئ	ش	ك	ئ	ط	ا	ش

جبل
جزيرة
سخان
مثلجة
كهف
تل
جبل جليد
بحيرة
مستنقع
واحة

محيط
نهر
شبه جزيرة
شاطئ
تندرا
وادي
بركان
شلال
صحراء
بحر

43 - Tuin

و	ا	ل	ص	خ	و	ر	م	ق	ع	د	ئ	ذ	ذ
ص	ل	ذ	ن	ي	ث	ذ	ل	ك	ر	م	ة	ص	ف
ع	أ	ر	ج	و	ح	ة	و	ش	ب	ص	س	ل	ة
ش	ع	ى	ك	خ	ذ	ا	ش	د	ز	ث	ل	ى	غ
ب	ش	م	ج	ر	ف	ة	م	ج	ه	ا	أ	ظ	ئ
ص	ا	ن	ؤ	ط	س	ظ	ص	ز	ر	ل	ش	ف	ش
غ	ب	ض	ذ	و	ر	ن	ط	ط	ة	ة	ع	ة	ح
ب	ر	ك	ة	م	ز	م	ب	س	ل	س	ل	س	ط
آ	و	غ	ف	ب	د	ش	ة	س	ر	و	ا	ق	ئ
ض	ع	ش	ب	س	ت	ا	ن	ن	ز	ض	ل	ك	ك
ج	خ	خ	ح	د	ي	ق	ة	ش	ع	ف	ن	و	ر
ى	غ	ص	ج	غ	و	ا	ق	ض	ق	ق	ا	إ	ا
ك	غ	ك	ي	ى	ج	ؤ	ج	ن	ي	ت	ر	إ	ج
ث	ن	ث	ا	ل	ت	ر	ا	م	ب	و	ل	ي	ن

مقعد
زهرة
شجرة
بستان
كراج
عشب
أرجوحة
أشعل النار
سياج
الأعشاب
الصخور
مجرفة
خرطوم
بوش
مصطبة
الترامبولين
حديقة
رواق
بركة
كرمة

44 - Katten

ت	ي	ر	ب	ذ	ن	ا	م	ف	ذ	ئ	ش	ظ	ش
ل	ق	ت	س	م	ص	ذ	ض	ذ	ؤ	د	ي	ز	م
غ	ح	ذ	ر	أ	ف	و	ح	ق	د	إ	ى	ع	ف
ز	ي	ب	ع	ع	ل	ز	ك	د	ن	ض	ف	ي	ث
ل	ك	ن	ة	ي	ص	خ	ش	ث	ز	ب	ر	ذ	ك
س	غ	إ	ة	ؤ	ي	ج	ا	ط	س	ب	و	ع	ل
م	ع	إ	ج	س	ا	ب	ي	ت	ا	ل	ج	د	د
ا	ئ	ص	إ	س	د	م	غ	و	و	و	ظ	ف	ى
ك	م	ك	ى	ك	ر	ك	ظ	ئ	ب	ئ	ض	ض	ن
ط	ف	ى	ا	ت	ذ	ن	ع	ب	ل	خ	م	و	ر
ع	آ	ف	ى	ز	ى	خ	ن	و	ن	ج	م	ؤ	ذ
ف	د	ض	ش	ش	ى	ظ	ث	ح	ف	و	ن	ب	ف
ح	ذ	ئ	م	ت	ف	ت	ا	ل	ي	ل	ق	ق	ر
و	ز	ص	ب	ا	ك	ة	ئ	ص	آ	ط	ئ	ذ	ذ

فرو
غزل
مجنون
مضحك
صياد
قليلا
فأر
فضولي
مستقل
شخصية
مخلب
نوم
بسرعة
لعوب
ذيل
خجول
بري

45 - Beroepen #2

ق	ص	م	ح	ق	ق	آ	ى	س	د	ؤ	ط	ث	ة
ظ	م	ه	خ	ى	آ	غ	ط	ف	ص	ه	ص	ي	و
د	س	ن	ر	ت	ف	ئ	ل	أ	ح	ي	ا	ئ	ي
غ	ز	د	ئ	آ	ر	ر	ئ	ث	ف	ت	ش	ن	آ
ك	ذ	س	ك	د	ن	ع	ج	ة	ي	ط	ب	ي	ب
ط	ب	ي	ب	أ	س	ن	ا	ن	س	ج	ث	ظ	ب
ي	ا	ج	ر	ا	ح	م	ب	و	ق	آ	ل	ر	ف
ا	ح	ل	ض	ن	خ	ي	س	غ	ؤ	ع	ر	ظ	م
ر	ث	غ	م	خ	ر	ض	ت	ظ	م	ز	ا	ر	ع
ئ	ع	و	س	ص	إ	ئ	ا	و	ذ	ظ	ض	ع	إ
ص	ط	ي	ن	ا	و	ع	ن	م	ق	ص	ص	ض	ي
إ	ح	ب	ث	و	د	ر	ي	د	ح	ئ	ف	ع	ص
ر	ا	ئ	د	ف	ض	ا	ء	ر	ش	غ	س	ط	ظ
ف	ي	ل	س	و	ف	ش	ب	س	ئ	ك	ى	خ	ب

طبيب
رائد فضاء
أحيائي
مزارع
جراح
محقق
فيلسوف
المصور
مهندس

صحفي
مدرس
لغوي
باحث
طيار
دهان
طبيب أسنان
بستاني
مخترع

46 - Komedie

ا	س	ي	آ	ج	ا	ى	س	ث	ا	غ	ت	م	ا
ض	ل	م	م	ث	ل	ة	س	ي	ر	ت	ص	س	ل
إ	ح	ن	ا	ل	ا	ر	ت	ج	ا	ل	ف	ر	م
خ	ة	ك	و	ر	إ	ط	ق	ك	س	ف	ي	ح	م
ل	ذ	ت	م	ع	ب	ر	ة	ك	آ	ز	ق	ا	ث
ز	ت	ع	ر	ا	غ	ق	س	ج	ؤ	ي	خ	ل	ل
ى	ب	ع	ح	ج	ل	ب	ا	ذ	ا	و	ؤ	م	ئ
ا	ل	ن	ك	ا	ت	ج	ة	ظ	ل	ن	غ	ه	ف
ج	ن	ي	غ	غ	ى	ض	م	خ	ب	ك	ش	ر	ك
م	ج	ك	ن	ا	ج	غ	ض	ه	ط	ى	و	ج	ا
ؤ	ر	ر	ث	ص	ئ	ز	ح	آ	و	ر	ظ	ي	ه
ش	إ	د	ث	و	م	ذ	ك	ي	ؤ	ر	ش	ن	ة
ث	م	ح	ا	ك	ا	ة	س	ا	خ	ر	ة	ف	ؤ
ن	ش	غ	ح	ر	م	ش	ئ	ش	آ	ؤ	ل	ن	إ

الممثل
ممثلة
تصفيق
المهرجين
معبرة
ضحك
النوع
النكات
مضحك

فكاهة
الارتجال
محاكاة ساخرة
مرح
الجمهور
ذكي
تلفزيون
مسرح

47 - Dagen en Maanden

ر	إ	ج	ث	ك	ش	آ	آ	ا	ل	أ	ح	د	ة
ؤ	ة	ج	ز	ج	ع	ة	ح	ط	ل	ب	و	ث	ت
ي	و	ل	ي	و	ص	ق	ص	ر	ؤ	ي	ل	ا	ا
ا	ل	ا	ث	ن	ي	ن	ت	ق	و	ي	م	ش	ل
ي	ل	ش	ج	ت	ن	ا	ل	ج	م	ع	ة	ه	أ
و	ا	ث	غ	ق	ا	ل	ف	ب	ر	ا	ي	ر	ر
ن	ة	آ	ل	ز	ي	س	ح	ؤ	ل	ل	خ	ا	ب
ي	ص	ا	إ	ا	ر	ب	ب	ش	ذ	خ	ع	م	ع
و	ق	ؤ	ن	ك	ث	ت	أ	ؤ	ز	م	ق	ا	ا
أ	ك	ت	و	ب	ر	ا	و	س	ت	ي	ئ	م	ء
غ	ف	ج	ف	ب	ى	ط	ء	و	ب	س	ض	ا	ي
س	ج	ت	م	ا	م	ض	س	آ	ح	و	ى	ر	ر
ط	ص	ي	ب	ت	ع	ك	ؤ	ل	ح	ك	ع	س	ظ
س	ن	ة	ر	ت	ي	ض	س	ب	ت	م	ب	ر	ب

أغسطس
الثلاثاء
الخميس
فبراير
سنة
يناير
يوليو
يونيو
تقويم
شهر

الاثنين
مارس
نوفمبر
أكتوبر
سبتمبر
الجمعة
أسبوع
الأربعاء
السبت
الأحد

48 - Beeldende Kunsten

ص	ف	ف	ئ	ا	ل	ن	ح	ت	د	ض	إ	ع	ب
و	ل	ي	إ	ل	ل	ع	ك	ذ	ي	ط	ي	ط	ح
ر	ل	ل	ا	ف	ن	ا	ن	ن	ب	ى	ؤ	ه	ؤ
ة	د	م	ص	خ	خ	ع	إ	إ	ة	ي	ا	ن	ح
ط	ب	د	ش	ا	ك	م	م	و	إ	ؤ	ل	د	ع
و	ص	س	ق	ر	ق	ظ	ن	ر	ت	د	ل	س	ز
ك	ر	ق	غ	ذ	غ	ش	ص	ظ	ط	ص	و	ة	ذ
ى	ق	ن	إ	ح	ق	ا	ك	ج	و	ا	ح	م	ث
ا	ص	ق	ي	ا	ذ	ق	ح	ل	ا	ر	ة	ع	ش
ف	ي	ا	ل	ش	م	ع	ؤ	د	ر	ف	ح	م	ط
و	آ	ص	ث	م	ت	ك	و	ي	ن	ؤ	ا	ا	ي
ا	ل	إ	ب	د	ا	ع	ى	ا	ت	م	م	ر	ن
ط	ب	ا	ش	ي	ر	خ	ؤ	خ	س	ت	ل	ي	ى
ل	ح	و	ش	ة	خ	ا	ل	ظ	ت	ح	ف	ة	ح

الفخار
هندسة معمارية
فنان
النحت
الإبداع
حامل
فيلم
فحم
طين

طباشير
تحفة
قلم
منظور
صورة
تكوين
اللوحة
ورنيش
الشمع

49 - Menselijk Lichaam

س	آ	ة	ج	ن	ف	ض	ط	ى	ي	ف	و	أ	ذ
ز	ك	ص	ى	ى	ر	د	ض	ك	ت	ف	ر	ن	ق
ع	ؤ	ق	ك	ن	ب	خ	ن	ع	و	م	ك	ف	ن
ض	ب	ص	ئ	ة	ج	س	ل	ؤ	ى	ع	ب	س	ك
ي	ط	آ	أ	ؤ	ئ	ل	ق	ب	ؤ	ت	ة	خ	ص
ع	س	آ	ذ	ف	ر	ج	ل	د	م	ا	غ	ج	ك
ط	ج	ق	ن	ط	ئ	ل	ب	ض	ك	ت	ب	ث	إ
و	ث	آ	غ	ي	ي	د	ا	ر	آ	و	ص	ث	ب
ؤ	غ	إ	ن	ر	س	ظ	ل	ق	ق	ش	آ	ذ	ل
ى	ى	ص	ل	س	ا	ن	م	ي	ط	ع	ك	ر	ح
ر	ق	ب	ة	ب	ث	م	ع	ظ	ي	ق	ا	آ	آ
ي	د	ع	ز	خ	ك	ف	د	ض	د	ض	ح	إ	ل
ن	ق	ئ	ى	ت	ج	ك	ة	ظ	ت	م	ل	ح	ث
آ	د	ط	ث	ع	ل	ض	ن	ر	إ	ف	ش	ق	غ

رجل
دم
كوع
كاحل
يد
قلب
دماغ
رئيس
جلد
فك

ذقن
ركبة
المعدة
فم
رقبة
أنف
أذن
كتف
لسان
إصبع

50 - Familie

م	س	ت	ث	ظ	ل	ذ	ض	ث	ط	ص	ى	أ	ص
ر	ت	ت	و	ئ	ق	ر	ن	ج	د	ة	ت	م	ى
ح	ص	ا	ح	أ	خ	و	خ	د	ر	ع	و	ل	ل
ل	س	ل	ف	ت	م	آ	ص	ا	ل	ع	م	ك	ؤ
ة	ث	أ	ي	ت	ا	ا	س	ن	ع	م	خ	ث	ل
ا	أ	ب	د	ب	ل	ل	ن	ص	ر	ة	ئ	د	ط
ل	ب	ش	ث	ع	ز	أ	ع	ط	ت	ا	غ	م	ف
ط	ث	ن	ق	و	و	ط	ك	ف	ذ	ت	ك	س	ى
ف	د	ك	ة	ي	ج	ف	إ	ل	ز	و	ج	ة	ل
و	ف	ب	إ	ر	ق	ا	ب	ن	أ	خ	أ	خ	ت
ل	د	آ	خ	ط	ب	ل	م	ؤ	و	ا	ع	س	ذ
ة	ب	ث	ر	ث	ع	ك	ف	ث	س	ؤ	ش	ل	ث
ة	ى	ض	ؤ	ت	ؤ	م	ة	ي	غ	ت	ك	ت	ج
ة	ض	ض	غ	ع	ن	ئ	ق	ة	ت	ا	ئ	ئ	ف

شقيق
ابنة
جدة
مرحلة الطفولة
طفل
الأطفال
حفيد
الزوج
أم
ابن أخ

العم
جد
عمة
توأمان
أب
الأب
سلف
زوجة
أخت

51 - Gebouwen

م	ص	ن	ع	ح	م	ب	س	ؤ	ع	م	ج	ث	م
ر	م	خ	د	ظ	س	ق	و	ث	ى	ز	ا	ح	ح
ص	ي	ص	غ	ي	ت	ع	ب	ر	ج	ر	م	س	ل
د	ي	ز	ق	ر	ش	ى	ر	ة	ظ	ع	ع	س	م
ش	ب	ش	ق	ة	ف	ط	م	ث	آ	ة	ة	ت	ل
ت	ش	ق	ن	آ	ى	د	ا	م	خ	ت	ب	ر	ع
ا	ل	س	ف	ا	ر	ة	ر	ت	س	ف	ز	ض	ب
س	خ	ق	ط	ؤ	ز	ا	ك	ح	ث	ر	ن	ش	ح
ح	ي	و	د	غ	ف	ج	ت	ف	ث	خ	ح	د	ث
إ	م	ن	ا	ل	م	ق	ص	و	ر	ة	إ	ئ	ق
ي	ة	ع	م	ر	ب	ظ	ض	ي	ف	ذ	ص	ئ	ل
ا	م	د	ؤ	ا	خ	ة	ج	ع	ا	ص	ج	م	ع
د	ر	ز	ث	ق	ي	م	ي	ن	ع	ك	غ	ث	ة
م	د	ر	س	ة	ج	م	ر	م	ة	ذ	ع	إ	ظ

السفارة
شقة
سينما
مزرعة
المقصورة
مصنع
فندق
قلعة
مختبر
متحف

مرصد
مدرسة
حظيرة
ملعب
سوبر ماركت
خيمة
مسرح
برج
جامعة
مستشفى

52 - Kunst

ا	ط	ح	ئ	ا	ك	ا	ك	غ	ظ	س	ا	ك	د
ص	ل	ح	ت	ي	ح	ؤ	ر	ر	ط	آ	ل	ئ	آ
د	ف	ش	ن	ض	ج	و	غ	ر	إ	ؤ	ن	ح	ط
ؤ	ئ	ع	ك	ر	ب	م	ا	ط	ع	إ	ح	ن	إ
ق	ش	ر	ث	ل	آ	ض	ث	ق	ن	ظ	ت	ض	م
ط	خ	ل	و	ح	ا	ت	ك	و	ي	ن	ة	ذ	ة
م	ا	و	ى	م	ل	ص	ا	د	ق	ؤ	م	ت	ع
ا	و	ى	ش	ق	س	و	ش	خ	ص	ي	و	ب	ج
ؤ	ل	د	ا	ن	ر	ي	ب	س	ي	ط	ض	ب	ل
إ	ة	ت	ح	ت	ي	ر	ش	ل	و	ذ	و	ص	ك
م	غ	غ	ع	ي	ا	م	ر	ك	ب	س	ع	ر	ن
ز	ت	ض	س	ب	ل	ز	ز	ن	غ	ة	ظ	ي	ف
ا	ل	ظ	ؤ	ى	ي	أ	ص	ل	ي	ق	ي	ش	ئ
ج	ش	ت	ف	ض	ة	ر	س	ي	ر	ا	م	ي	ك

النحت
مركب
بسيط
صادق
الشكل
ربما
مزاج
سيراميك
موضوع
أصلي

شخصي
شعر
تصوير
تكوين
لوحات
السريالية
رمز
التعبير
بصري

53 - Beroepen #1

ع	ط	ط	ق	آ	س	ف	ث	ة	ص	م	ص	غ	ط
ا	ا	ب	ل	ؤ	ل	ب	ؤ	د	ا	س	ي	ي	ب
ل	ذ	ز	ي	ؤ	ج	ا	ا	ت	ئ	ف	د	آ	ي
م	ظ	ي	ف	ب	ط	غ	ك	ك	غ	ي	ل	غ	ب
م	غ	ر	ل	ا	ض	خ	ط	د	ي	ر	ي	م	ب
ك	ج	س	ك	ئ	ل	ث	ؤ	ل	ؤ	ق	ا	ا	ي
خ	آ	ا	ي	آ	ق	ب	ص	ث	ج	ب	ح	ش	ط
خ	ئ	م	ح	ا	م	ج	ي	و	ل	و	ج	ي	ر
إ	ف	خ	ز	ذ	ح	خ	ا	ا	ر	ع	ث	ت	ي
م	م	ر	ض	ج	ر	ض	د	ة	ن	ز	ر	و	ا
ص	ا	ا	ض	ز	ر	ا	ق	ص	ة	و	ي	ث	خ
ر	س	ئ	ط	ش	س	ع	ج	ث	ض	خ	ا	ب	ذ
ف	ق	ط	ن	س	ة	ق	د	ا	و	إ	ض	م	ع
ي	آ	ع	ل	م	ا	ل	ن	ف	س	ح	ي	ل	ح

محام
سفير
صيدلي
فلكي
رياضي
مصرفي
رسام خرائط
راقصة
طبيب بيطري
طبيب

محرر
جيولوجي
صياد
صائغ
سباك
عازف البيانو
علم النفس
ممرض
عالم

54 - Kastelen

ز	ق	ع	ؤ	آ	ر	ق	ل	ذ	و	س	ا	ر	غ
ن	ك	ح	ق	ى	ا	ل	ن	ب	ي	ل	ل	خ	ج
ظ	ج	ا	ح	إ	آ	ن	ح	ة	غ	ا	م	د	ح
و	غ	ا	ل	م	ن	ج	ن	ي	ق	ل	م	ب	ر
ب	ج	ع	ا	ب	أ	آ	ص	ن	ى	ة	ل	ا	ظ
غ	آ	ط	ص	ر	ز	م	ش	ا	ى	ف	ك	ؤ	ص
ض	ح	ح	ص	ا	ن	ي	ي	ا	ب	ا	ة	ذ	ب
ق	ذ	ئ	ث	ط	ز	ق	ب	ر	ج	ر	أ	ى	ج
ط	ص	و	آ	و	ا	ة	ض	إ	ة	س	م	إ	م
ز	ض	ر	ج	ر	ن	خ	ن	د	ق	ن	ي	ص	ف
ح	ا	ئ	ط	ي	ة	س	ا	ز	خ	ط	ر	د	ة
ت	ن	ي	ن	ة	ر	ي	ر	ض	ز	ئ	ا	ر	ن
ر	و	آ	ف	ح	و	ف	ف	ت	ا	ج	خ	ع	و
إ	ى	ض	د	س	ص	م	ش	ب	خ	ى	و	ي	ي

تنين
سلالة
النبيل
إقطاعي
خندق
درع
المنجنيق
زنزانة
المملكة
تاج

حائط
حصان
قصر
أمير
أميرة
فارس
إمبراطورية
برج
سيف

55 - Insecten

ف	ف	ع	غ	س	ن	ز	ا	ا	ل	د	ب	و	ر
ر	ى	ث	ت	ق	م	ؤ	ل	ل	ا	خ	ر	م	ع
ا	ش	ة	ع	ب	ل	ل	ب	ز	م	ن	غ	آ	و
ش	ل	ر	ش	ص	ة	ث	ع	ي	ا	ف	و	ا	ى
ة	ث	ي	ج	ن	د	ب	و	ز	ش	س	ث	ت	ؤ
ب	ى	ر	ع	ض	ض	ب	ض	ك	ئ	ا	ف	ط	ة
ن	غ	ب	ذ	س	إ	ب	أ	خ	ض	ء	س	ب	ز
د	ل	ؤ	خ	د	و	ف	ر	س	ا	ل	ن	ب	ي
ب	ص	ف	خ	ا	ف	ب	ض	ى	س	ز	ي	ي	غ
د	ن	ص	ؤ	د	و	ك	ة	ئ	ن	ن	ئ	ز	ل
ب	ت	ر	ر	غ	خ	ة	م	ا	ح	ل	س	ا	ا
و	ج	ط	آ	ص	ف	ى	آ	ك	ل	د	و	د	ة
ر	ئ	ج	ا	ك	و	ي	ر	ق	ة	م	ئ	ق	س
ض	ج	ط	ة	إ	ع	ر	ذ	ق	ي	ف	ن	ف	إ

فرس النبي
نحلة
المن
الزيز
الدبور
صرصور
خنفساء
يرقة
اليعسوب

نملة
عثة
البعوض
جندب
أرضة
فراشة
برغوث
دبور
دودة

56 - Antarctica

ئ	ر	ج	ر	د	ف	ث	و	ث	ز	ز	م	و	ظ
ق	ع	ل	ا	ر	ا	ة	ط	ت	ن	ت	ض	ز	و
ص	ص	ي	ه	ج	ر	ة	ا	ع	ل	م	ي	ا	ظ
ق	خ	د	ن	ة	ش	ا	ل	ب	ط	ا	ر	ي	ق
و	ا	ر	ح	ا	ب	ل	ح	ج	ط	ء	ر	ع	خ
ة	ف	ر	ي	ل	ه	ج	ف	غ	ب	ؤ	ث	ب	ل
ى	ذ	ى	ة	ح	ج	ز	ظ	ر	س	ح	ا	ب	ي
ؤ	ذ	ج	ل	ر	ز	ر	م	ا	ا	ق	ث	ن	ج
ج	غ	ح	د	ا	ي	ح	ظ	ف	ل	ت	ج	ث	ذ
ذ	ؤ	ب	ظ	ر	ر	ت	ز	ي	أ	ب	ي	ئ	ة
ل	ذ	ف	س	ة	ة	ف	ذ	ة	ن	س	ع	خ	م
ا	ل	م	ع	ا	د	ن	ت	ش	و	س	آ	ث	ط
ب	ا	ح	ث	ط	ب	و	غ	ر	ا	ف	ي	ا	ة
ث	س	ي	ة	و	ق	ش	ا	ف	ع	ر	د	ا	ن

خليج
الحفظ
قارة
الجزر
البعثة
جغرافية
جليد
هجرة
المعادن
بيئة

باحث
البطاريق
صخري
شبه جزيرة
الأنواع
درجة الحرارة
طبوغرافيا
ماء
علمي
سحاب

57 - Ballet

م	ل	ح	ن	ي	ت	ت	أ	ا	إ	ي	ق	ا	ع
ع	ش	ف	ث	ل	ص	ق	و	ل	ض	ص	خ	ل	ض
ب	د	ن	ت	ل	ف	ن	ر	ج	ئ	ب	ش	ك	ل
ر	ة	ئ	و	ة	ي	ي	ك	م	ص	آ	ى	و	ا
ة	ق	م	ت	ل	ق	ة	س	ه	ئ	ئ	ف	ر	ت
ا	ن	ن	م	ط	ط	م	ت	و	ق	ل	ئ	ي	ع
ل	ل	ف	و	ؤ	ح	و	ر	ر	ع	ب	ط	غ	ع
د	ب	ر	و	ف	ة	س	ا	خ	ؤ	ض	ن	ر	ب
ر	ث	د	ا	ف	ن	ي	س	م	ك	ع	ق	ا	د
و	ظ	ا	ج	ق	د	ق	ض	ه	ر	ك	ت	ف	ظ
س	ق	إ	ؤ	ي	ص	ى	د	ا	ط	ص	د	ي	غ
آ	ز	س	خ	ع	ظ	ا	ذ	ر	خ	ع	ط	ا	ج
ظ	م	ذ	د	ج	إ	ص	ت	ة	ن	ا	ذ	ق	ؤ
ق	ج	ج	ة	ر	ة	ق	ظ	خ	ر	ث	ب	ل	إ

تصفيق
فني
الكوريغرافيا
ملحن
الراقصات
معبرة
لفتة
شدة
الدروس
موسيقى

أوركسترا
الجمهور
بروفة
إيقاع
منفردا
عضلات
نمط
تقنية
مهارة

58 - Vissen

ظ	ص	ن	ئ	ا	ز	ا	ا	س	م	ع	د	ا	ت
ض	ط	ش	ج	ل	ح	ع	ق	ل	خ	ا	د	ع	ز
ذ	ك	آ	ت	م	ص	ط	ا	ك	ط	م	و	ز	ن
ا	ئ	ف	ز	و	د	ع	ر	ن	ا	ا	ح	ت	ه
د	ق	ا	ي	س	ؤ	م	ب	ة	ف	ء	خ	ح	ر
ؤ	ض	ر	ع	م	ب	ح	غ	م	ف	ز	ة	ي	ى
آ	ف	ن	د	ذ	ة	ي	ة	ب	د	ئ	ش	ت	خ
ئ	ز	ك	ئ	ش	ا	ط	ئ	ا	آ	س	ر	غ	ى
س	ك	ص	ف	ي	د	إ	ت	ل	ق	ل	ك	ئ	ؤ
ب	د	و	ا	س	ر	ط	ى	غ	ة	ة	ص	ب	ح
ض	ح	ت	ي	ة	ط	ت	ث	ة	و	ف	ب	ز	ت
و	خ	ي	ا	ش	ي	م	ك	غ	ؤ	ن	ض	س	ي
إ	ى	ز	ر	و	ك	غ	ئ	ص	ب	ر	ح	ث	ق
ش	ع	ظ	خ	ة	ب	ت	ى	ث	ث	ن	ع	ظ	د

طعم
معدات
قارب
سلك
صبر
وزن
خطاف
فلك
خياشيم

سلة
بحيرة
محيط
مبالغة
نهر
الموسم
شاطئ
زعانف
ماء

59 - Fruit

ج	س	ذ	م	ب	ن	ت	ذ	ت	م	ط	ض	ي	م
ط	ت	ع	أ	غ	ل	ي	م	و	ن	و	ك	ط	ا
ب	ا	ل	ف	ظ	ح	ن	و	ت	ة	ت	ز	ي	د
ي	ا	ز	و	ط	ل	ج	م	ا	آ	ف	س	ل	ظ
ر	خ	ب	ك	ت	ق	و	م	ل	ض	ا	ك	خ	ص
ي	ك	ي	ا	ع	ن	ب	ش	ع	ك	ح	آ	ح	د
ث	ؤ	ؤ	د	ي	ع	س	م	ل	م	ش	س	ح	ض
ت	ش	ط	و	ئ	ا	و	ش	ي	ث	ذ	خ	آ	ز
ب	ؤ	و	ك	ق	غ	ق	ك	ق	ر	م	ذ	ج	ك
ب	ر	ق	و	ق	خ	إ	ر	ت	ى	ق	م	ت	ي
ؤ	ف	ك	إ	غ	ج	و	ز	ا	ل	ه	ن	د	و
ش	م	ا	م	د	د	ث	خ	ع	ل	ى	ر	ع	ي
ط	ض	ق	ز	ب	آ	ح	ك	أ	ن	ا	ن	ا	س
ث	ل	ب	ر	ت	ق	ا	ل	ي	م	ا	ن	ج	و

مشمش
أناناس
تفاح
أفوكادو
موز
بيري
ليمون
عنب
توت العليق
كرز

كيوي
جوز الهند
مانجو
شمام
برتقالي
بابايا
كمثرى
خوخ
برقوق
تين

60 - Literatuur

ص	ص	س	د	ر	ا	ع	ا	ص	ث	ش	ا	ل	ق
ل	ح	ئ	ث	ل	و	ل	ذ	و	ص	ف	س	ى	ا
ا	ل	ق	ي	ا	س	ا	ر	ض	آ	ع	ت	ث	ف
ق	ض	ش	ق	ة	س	ي	ي	ا	ز	ض	ن	ة	ي
ى	م	ل	ا	ل	ط	ل	ة	ة	و	ة	ت	ض	ة
خ	د	ط	د	ع	ى	ط	ت	ؤ	ا	ي	ا	ف	ت
م	أ	س	ا	ة	ر	خ	ئ	ك	و	خ	ج	ض	ح
آ	ش	ح	ب	ا	أ	ي	ض	م	ؤ	ل	ف	ش	ل
ظ	خ	ك	ى	ص	ي	ا	س	ت	ع	ا	ر	ة	ي
م	ق	ا	ر	ن	ة	ل	ح	ل	ا	ش	إ	ص	ل
و	ص	ي	ئ	ن	ن	خ	و	ر	ن	ؤ	ي	ط	ئ
ض	ي	ة	آ	م	ض	ف	ا	د	ج	ت	ق	ى	ط
و	د	ا	ح	ط	ا	د	ر	ح	ش	ئ	ا	ك	ئ
ع	ة	ؤ	ز	ف	ط	ن	و	ش	ط	ح	ع	ل	ف

القياس
تحليل
حكاية
مؤلف
استنتاج
حوار
خيال
قصيدة
رأي
استعارة

وصف
شاعري
قافية
إيقاع
رواية
نمط
موضوع
مأساة
مقارنة
الراوي

61 - Technologie

آ	ف	م	ا	ل	م	ت	ص	ف	ح	و	م	ط	ز
ن	ي	ل	ش	ك	س	ز	ب	ح	ث	د	آ	ر	آ
ذ	ر	ف	ا	ل	ح	ا	س	و	ب	ا	ي	ت	ت
ث	و	ى	ش	ف	ز	ط	ر	آ	و	ن	س	ج	م
ع	س	ى	ة	ص	ت	إ	ن	ت	ر	ن	ت	ي	ئ
ر	ل	غ	ى	آ	ج	ر	س	ا	ل	ة	ذ	د	ي
م	د	و	ن	ة	ة	آ	ا	ل	م	ؤ	ش	ر	آ
ن	ط	ح	ل	ن	ئ	غ	ي	ض	ف	ى	س	ف	ف
ة	ج	ق	ن	ص	ب	ر	م	ج	ي	ا	ت	ع	ا
ش	ج	ب	ش	ف	ؤ	خ	ط	ي	ؤ	ة	ظ	ذ	ى
ج	ن	ق	ا	ل	ب	ي	ا	ن	ا	ت	خ	ح	ظ
ع	ز	ئ	ى	د	ر	ر	ق	م	ي	ث	أ	ط	ر
ك	ا	م	ي	ر	ا	ل	إ	ح	ص	ا	ء	م	ج
ل	ن	ر	ص	ذ	ا	ض	ظ	ف	ك	ل	ش	م	ن

رسالة
ملف
مدونة
المتصفح
بايت
كاميرا
الحاسوب
المؤشر
رقمي
البيانات

إنترنت
خط
بحث
شاشة
برمجيات
الإحصاء
أمن
افتراضية
فيروس

62 - Boeken

ق	ج	ض	ت	د	س	ت	ك	ت	خ	ش	ى	م	ل
ص	ص	ف	ح	ة	ي	ى	ل	ن	ل	م	ؤ	ل	ف
ة	م	ي	ؤ	آ	ا	ت	ح	ض	ظ	ج	ن	ح	ر
ث	ك	ي	د	ع	ق	ص	ط	ى	ع	م	ش	م	و
ى	ت	ق	و	ة	ا	خ	م	و	ك	و	ع	ة	ح
ك	و	خ	ص	ت	ل	ق	غ	م	ش	ع	ر	غ	ا
ر	ب	ج	غ	ل	ك	ت	ا	ا	ب	ة	ق	غ	ل
و	ض	ا	ع	ن	ل	ا	م	ر	أ	د	ب	ي	د
ا	ا	ع	ئ	ن	ا	ر	ر	غ	ئ	ن	ع	إ	ع
ي	ل	ظ	غ	ق	م	ي	ة	خ	ة	ن	ن	ظ	ا
ة	ر	ل	خ	ح	ذ	خ	م	ص	ى	ظ	ئ	ي	ب
ل	ا	خ	ض	س	ش	ي	م	أ	س	ا	و	ي	ة
ق	و	ذ	ا	ت	ا	ل	ص	ل	ة	ط	س	س	ى
ث	ي	ا	ل	ا	ز	د	و	ا	ج	ي	ة	إ	خ

روح الدعابة
مبدع
قارئ
أدبي
شعر
ذات الصلة
رواية
مأساوي
قصة
الراوي

مؤلف
مغامرة
صفحة
مجموعة
سياق الكلام
الازدواجية
ملحمة
قصيدة
مكتوب
تاريخي

63 - Meer Informatie

ا	ل	ع	ا	ل	م	ي	ة	ب	ل	م	س	ص	خ
ل	ح	ر	ا	ئ	ع	ج	ن	ا	ع	س	ر	م	ف
ك	م	د	س	ل	ذ	ى	ؤ	ف	س	ت	ض	ى	ا
ت	ل	ا	ت	ذ	ر	ي	ى	ى	ت	ق	ن	ي	ة
ب	ف	م	ن	ي	ك	و	ك	ب	و	ب	د	د	و
ذ	ذ	ث	س	ط	ش	ا	ب	ح	ح	ل	ص	ع	ي
إ	آ	غ	ا	م	ض	ق	ط	و	ي	ي	ش	ك	ؤ
ق	ر	ي	خ	ئ	س	ع	ح	ط	ت	ة	ة	ز	خ
ر	ي	و	ت	و	ب	ي	ا	ي	ح	ا	ص	ؤ	ض
و	ه	م	ي	ا	ه	ظ	ب	ك	د	و	ت	غ	آ
ا	ن	ف	ج	ا	ر	م	ت	ط	ر	ف	د	ض	آ
غ	ش	ا	ا	ل	س	ي	ن	ا	ر	ي	و	ت	م
ش	ص	ي	ر	س	ي	ن	م	ا	ظ	ث	ن	ئ	ى
ف	غ	ت	ع	إ	و	ت	ط	ت	ر	ش	ض	ي	ص

استنساخ
غامض
وحي
كوكب
واقعي
الروبوتات
السيناريو
تقنية
يوتوبيا
العالمية

ذري
سينما
الكتب
نار
وهمي
انفجار
متطرف
رائع
مستقبلية
وهم

64 - Regenwoud

ذ	م	ض	ذ	آ	ذ	غ	ص	ا	س	ذ	م	د	ا
و	ل	و	ف	و	ع	أ	ص	ل	ي	ح	ا	ي	ح
ص	ة	غ	د	ص	ق	ص	ق	غ	س	ئ	ا	ط	ز
ج	ت	ة	م	ن	ط	ي	ا	ا	س	ا	ل	ب	ى
ك	ئ	ط	ى	م	ر	آ	م	ب	ا	س	ط	ي	ض
ؤ	ص	ج	ت	ل	ش	ؤ	ن	ة	ل	ت	ي	ع	ث
ا	ح	ف	ظ	آ	ك	ك	ا	ى	أ	ع	و	ة	ل
ل	ح	د	د	ش	ص	ج	خ	م	ن	ا	ر	و	ة
ح	م	ت	ن	و	ع	ش	ع	ل	و	د	ع	ؤ	ب
ش	ع	ص	ر	ز	ص	ص	ن	ج	ا	ة	ا	د	ب
ر	ة	ن	ب	ا	ت	ي	ش	أ	ع	ن	ط	ق	ط
ا	ا	ل	ب	ر	م	ا	ئ	ي	ا	ت	ث	ر	ا
ت	ع	ك	س	و	ا	ف	ا	ع	ك	ئ	ح	ة	ئ
ط	ح	ل	ب	ا	ل	ث	د	ي	ي	ا	ت	ض	ت

البرمائيات	طبيعة
حفظ	نجاة
نباتي	احترام
تنوع	استعادة
ملة	الأنواع
أصلي	ملجأ
الحشرات	الطيور
الغابة	ذو قيمة
مناخ	سحاب
طحلب	الثدييات

65 - Haartypes

ى	ف	ق	ص	ي	ر	ة	س	م	ي	ك	ي	ش	ة
ف	ف	ر	م	ا	د	ي	م	ل	و	ن	ى	ط	ن
ا	ة	أ	و	ي	ط	م	ت	ل	إ	أ	خ	د	ط
ت	ا	ذ	ش	ة	م	ف	م	ت	و	ص	ح	ي	ة
ج	خ	ض	ض	ق	ا	آ	و	ر	ش	ل	ذ	ط	س
ع	أ	ب	ي	ض	ر	ل	ج	ن	ا	ع	م	ر	ة
ي	م	ج	ع	د	ق	ف	ر	ر	ا	ج	ض	ط	غ
د	أ	س	و	د	ي	ا	ض	أ	آ	ة	ف	ث	ض
ا	ش	غ	ا	س	ق	ت	و	ة	س	ق	ر	ة	ئ
ل	ط	إ	ظ	ى	غ	ت	ت	م	ش	ج	ب	ص	ن
ش	و	ج	إ	ل	ج	ا	ف	ؤ	ر	ر	ى	ا	خ
ع	ي	ل	س	ث	ئ	ت	خ	ؤ	د	م	ر	ر	د
ر	ل	ذ	د	ج	ر	ق	ب	آ	ص	ب	ن	ي	ش
ز	ش	ر	ض	ل	ئ	ذ	ج	ذ	ف	ق	ك	ب	ب

أشقر
بني
سميك
جاف
رقيق
ملون
مضفر
صحي
متموج
رمادي

فروة الرأس
أصلع
قصيرة
تجعيد الشعر
مجعد
طويل
أبيض
ناعم
فضة
أسود

66 - Stad

ق	ق	ش	آ	خ	ز	ض	غ	ح	ض	ذ	س	غ	و
ذ	خ	إ	ز	ر	ي	إ	ل	د	د	ة	و	م	ص
ط	ز	ص	ظ	م	ع	ر	ض	ي	ذ	ص	ب	ن	ك
ف	ن	د	ق	ت	ط	ن	ز	ق	ث	س	ر	س	آ
ؤ	ك	ص	م	ح	إ	ع	إ	ة	م	ز	م	ق	خ
غ	د	ى	د	ف	ل	ي	م	ح	د	ذ	ا	ز	و
ذ	ق	ز	ر	ف	آ	ا	ك	ي	ع	ث	ر	ه	ك
س	م	آ	س	ف	ب	د	ت	و	ش	ر	ك	و	ث
ض	و	خ	ة	ق	ش	ة	ب	ا	ف	ئ	ت	ر	ض
ز	د	ق	ب	ل	ص	ى	ة	ن	ج	ا	م	ع	ة
غ	خ	ؤ	ت	ز	م	ط	ا	ر	د	ؤ	آ	ت	ط
و	س	ي	ن	م	ا	ة	ى	ع	ك	ر	آ	ى	د
ص	ي	د	ل	ي	ة	م	ل	ع	ب	و	ل	خ	ض
ل	ث	ش	آ	ش	ج	ظ	ر	م	س	ر	ح	ل	ا

مطار
سوق
متحف
مطعم
مدرسة
ملعب
سوبر ماركت
مسرح
جامعة
خزن

صيدلية
مخبز
بنك
مكتبة
سينما
منسق زهور
حديقة حيوان
معرض
فندق
عيادة

67 - Natuur

ج	إ	ة	ب	ا	غ	ز	ة	ل	و	ى	و	أ	م
م	ه	ي	م	ل	م	ض	ط	ض	م	ا	س	ت	ك
ا	ا	ظ	ل	م	ث	ي	ى	ن	ن	ا	ح	ض	ب
ل	د	ر	ه	ن	ل	ط	ص	ي	ت	ر	ا	ب	ص
د	ئ	خ	و	ح	ج	م	ت	آ	ك	ؤ	ب	ا	ح
ظ	إ	ة	ى	د	ة	م	ك	آ	ن	ض	ل	ب	ر
ا	إ	ة	ب	ر	ئ	ل	ن	ة	ل	س	ز	ح	ا
س	ل	ؤ	ت	ا	ن	ا	و	ي	ح	ل	ا	ذ	ء
ت	ل	ؤ	ص	ت	س	ذ	ظ	ص	ي	ن	ث	ن	ا
و	ة	م	ي	ن	ذ	ق	ي	و	ي	ح	ش	ل	ق
ا	ر	ج	ش	ل	ا	ق	ا	ر	و	أ	ن	ا	د
ئ	ض	ف	س	م	ر	ق	ب	ع	ث	ح	آ	ة	ط
ي	ق	ج	ك	ذ	ن	ي	ر	ب	ل	ش	ل	خ	ر
ع	د	ي	ل	ا	م	ش	ل	ا	ب	ط	ق	ل	ا

القطب الشمالي
النحل
غابة
الحيوانات
متحرك
تآكل
أوراق الشجر
مثلجة
ملاذ
المنحدرات

ضباب
نهر
جمال
مأوى
هادئ
استوائي
حيوي
بري
صحراء
سحاب

68 - Dinosaurussen

ة	ا	ل	ق	ز	خ	ب	ي	ح	ط	ا	ا	ا	ز
ع	و	ز	آ	ز	ب	ف	ذ	ئ	ض	ل	ل	ل	ا
آ	ك	ل	ة	ا	ل	ل	ح	و	م	ز	ح	أ	ل
ش	ئ	س	ع	ف	خ	ض	ة	ك	خ	و	ف	ن	م
ا	ة	ظ	ز	آ	د	ت	ط	و	ر	ا	ر	و	ا
ف	ج	ا	س	ض	و	ظ	ف	ع	ج	ح	ي	ا	م
و	ر	ة	غ	ح	س	ل	ئ	ا	ط	ف	ا	ع	و
ح	ا	ي	غ	ت	ف	إ	ع	ح	ء	ؤ	ت	ث	ث
ش	ب	آ	س	ق	ب	ل	ا	ل	ت	ا	ر	ي	خ
ي	ت	ذ	ف	ة	ى	و	ي	ش	ة	و	ر	ل	د
ك	و	ي	س	ؤ	ق	ظ	ا	ى	س	ب	ن	ض	ظ
آ	ر	ل	ر	ل	ؤ	و	ا	أ	ق	ح	س	ب	ح
ر	ت	ظ	م	ك	ك	ب	ي	ر	أ	ج	ن	ح	ة
ع	غ	م	ر	غ	ى	ن	آ	ض	خ	م	ي	ث	ي

قبل التاريخ
فريسة
الزواحف
رابتور
الأنواع
ذيل
اختفاء
وحشي
أجنحة

أرض
ضخم
تطور
الحفريات
كبير
بحجم
قوي
الماموث
آكلة اللحوم

69 - Zoogdieren

آ	ح	ر	ذ	ئ	ب	خ	م	م	ح	ؤ	ة	د	غ
ئ	ؤ	ص	ع	ئ	آ	خ	ا	ل	ف	ص	ئ	خ	و
ز	و	ق	ا	ا	ب	ع	ع	ث	و	ض	ض	أ	ر
ر	ك	ت	د	ن	ج	ا	ز	ي	ك	ن	غ	ر	ي
ا	ل	ث	و	ر	ط	ر	ل	أ	س	د	ا	ن	ل
ف	ب	ث	ل	ا	ة	ل	إ	ب	ى	ح	غ	ب	ا
ة	ك	ط	ف	و	ح	و	ت	ق	ر	د	ص	ئ	ت
ث	ك	ض	ي	ا	ل	ف	ي	ل	ط	ا	ن	ض	ئ
ح	س	ر	ن	و	و	ر	ت	ك	ف	ط	ر	ة	ة
ج	م	ل	ك	ا	غ	آ	س	ل	ث	ق	ص	ي	ق
س	و	ا	ت	ف	ص	ت	ا	ج	ش	ب	ض	ا	ا
ك	ر	ل	ر	د	ق	آ	آ	ذ	ص	ش	ع	ظ	س
ط	ح	ا	ق	ط	ي	ح	ي	ن	غ	ع	د	ز	ز
ح	م	ز	ا	ث	ز	س	ذ	ك	د	ع	ح	د	ا

كنغر
قط
أرنب
أسد
الفيل
حصان
ثور
فوكس
حوت
ذئب

قرد
سمور
ذئب البراري
دولفين
حمار
ماعز
زرافة
غوريلا
كلب
جمل

70 - 1 Jaar Geleden

ر	آ	ج	ي	ذ	ز	ذ	ن	ؤ	ة	ذ	ش	م	د
ع	م	ل	ي	ك	ر	ي	م	ظ	ى	ف	غ	ت	ذ
م	ا	ر	ف	ي	م	ذ	ف	ن	ي	ج	ا	و	ع
و	ل	ط	ل	س	ض	ح	ض	ى	ن	ف	ق	ا	ف
ث	د	ت	ف	م	س	ت	ق	ل	س	ي	ف	ض	ح
و	ع	د	د	ي	ا	م	ف	ي	د	ح	ع	ع	ك
ق	ك	ف	د	ب	ح	ز	ض	ع	ع	س	ا	ا	ي
ب	إ	ج	ت	ن	ر	ب	و	ح	س	ن	ل	ا	م
ه	ص	ث	و	ر	غ	ق	ل	ق	ك	إ	ة	ة	ئ
ا	ب	ح	ا	س	م	ة	ي	ي	ك	خ	ي	ب	ث
ؤ	و	ذ	ق	ي	ذ	ط	ئ	ا	آ	ف	ض	ذ	ا
ل	ر	ف	ز	ض	ش	غ	ع	خ	ؤ	ا	آ	ب	و
ج	آ	ش	ن	ر	ل	س	ا	ظ	ر	ب	ق	ل	ج
إ	ف	ج	ط	ك	خ	ع	ص	ل	إ	و	ت	س	ش

فني
مفيد
متواضع
حاسم
موثوق بها
ساحر
فعالة
عاطفي
حسن

مضحك
كريم
ذكي
فضولي
مستقل
صبور
عملي
نظيف
حكيم

71 - Kampioenschap

إ	ح	ذ	ك	ب	د	ط	ا	ث	ف	ع	م	ي	ز
س	ل	ى	ج	ج	ق	ح	ح	ك	و	ص	د	إ	ع
ت	خ	ش	ر	م	ص	ذ	ع	ن	ز	م	ر	إ	ر
ر	إ	ف	أ	ة	ب	ط	و	ل	ة	ي	ب	ق	ق
ا	ذ	ب	آ	ل	ى	ط	ف	ر	ف	د	آ	ش	ا
ت	ط	ف	ئ	ل	ع	ا	ل	أ	د	ا	ء	ب	ل
ي	إ	ر	آ	م	س	ا	ب	ق	ة	ل	ض	إ	ن
ج	ث	ي	ي	ت	ص	ز	ب	خ	ج	ي	ت	ر	ه
ي	ش	ق	ح	ا	ك	ؤ	ة	ف	ى	ة	ج	ب	ا
ة	آ	ط	ص	ح	ض	ا	ا	ل	ق	ا	ض	ي	ئ
ا	ل	د	و	ر	ي	ا	خ	ت	آ	ت	آ	و	ي
ظ	ث	ث	ب	ت	ى	ط	ت	ا	ل	د	ا	ف	ع
خ	ي	ت	ب	ظ	ؤ	ة	م	ن	ذ	خ	ق	ؤ	ئ
ة	ى	ى	ض	ق	ع	ئ	آ	ف	ف	ن	ئ	س	س

القاضي
رياضات
إستراتيجية
فريق
مسابقة
مدرب
عرق
فوز

النهائي
ألعاب
بطل
بطولة
الدوري
ميدالية
الدافع
الأداء

72 - Exploratie

ط	ر	آ	ا	ل	ث	ق	ا	ف	ا	ت	آ	آ	ز
ذ	ا	ع	ا	ل	ت	ض	ا	ر	ي	س	آ	د	ش
ص	ل	ل	غ	ة	ج	ط	ق	ض	ي	ة	غ	ض	ظ
ز	ح	ي	س	إ	ة	د	ك	ش	ق	ج	ي	ك	إ
ة	ي	ت	م	ف	ك	ط	ي	ل	ج	ص	ر	ذ	ا
ت	و	ع	ز	م	ر	ع	ؤ	د	س	ا	م	ة	ط
د	ا	ل	ف	ل	غ	ن	ز	ف	ى	ب	ع	ي	د
خ	ن	م	ض	إ	س	ة	ي	ظ	غ	ص	ر	ة	ر
ا	ا	د	ا	ل	م	خ	ا	ط	ر	د	و	ض	ع
ك	ت	ز	ء	ا	ل	إ	ث	ا	ر	ة	ف	ص	ح
ت	ت	ل	ص	ب	ر	ي	ر	ج	ن	ل	ح	ج	ة
ش	ؤ	ر	ز	ت	د	ف	ث	ق	ك	ب	ص	ى	ن
ا	ة	ق	ن	ش	ا	ط	ظ	ا	ل	ب	ف	ى	ع
ف	ا	ف	آ	ت	ظ	ف	ز	خ	ة	خ	إ	ب	ا

اكتشاف
الإثارة
السفر
فضاء
لغة
التضاريس
نزف
بعيد
بري

نشاط
عزم
الثقافات
الحيوانات
المخاطر
ليتعلم
شجاعة
الجديد
غير معروف

73 - Voertuigen

س	ش	س	ب	ش	ي	ؤ	ت	ر	ز	ش	ج	آ	ى
ي	ا	ي	ك	ط	آ	ئ	ا	غ	ق	ا	ف	ل	ة
ا	ح	ا	إ	و	ؤ	س	ك	و	ا	إ	ي	ح	غ
ر	ن	ر	إ	ف	ت	ج	س	ا	ر	ل	و	ئ	ظ
ة	ة	ة	ذ	ج	ف	ر	ي	ص	ب	م	ح	ر	ك
إ	ج	ر	ا	ر	خ	ا	ظ	ة	ل	غ	ت	ض	ى
س	ا	ل	إ	ط	ا	ر	ا	ت	ت	ى	ش	ر	ا
ع	ق	ط	ا	ر	ع	ص	ح	ا	ف	ل	ة	آ	و
ا	ا	ص	ط	ب	ز	ر	ا	ح	ة	آ	ي	ة	ن
ف	ه	ل	ي	ك	و	ب	ت	ر	ؤ	ع	ف	ق	د
د	ر	ا	ج	ة	ظ	ة	ع	ئ	و	ع	ظ	ا	ة
ا	ش	ث	ر	إ	ط	ا	ئ	ر	ة	خ	ت	ف	ط
آ	ا	ل	ع	ب	ا	ر	ة	ة	ض	ك	ت	ة	ر
ح	غ	ي	ظ	ف	ل	ض	ف	غ	ئ	ك	خ	ص	ن

سيارة إسعاف
سيارة
الإطارات
قارب
حافلة
قافلة
دراجة
هليكوبتر
مترو
محرك

غواصة
صاروخ
سكوتر
تاكسي
جرار
قطار
العبارة
طائرة
طوف
شاحنة

74 - Geografie

ج	ز	ع	ز	ب	ل	د	ر	ث	ة	خ	خ	إ	م
ذ	ب	ك	ؤ	ح	غ	م	ل	ج	ع	ر	ط	ع	ن
ش	خ	ل	س	ر	ح	ي	ح	ز	إ	ي	ا	ا	ط
أ	ط	ل	س	غ	ظ	ر	ت	ي	ف	ط	ل	ل	ق
ت	ا	ص	ض	آ	ن	ي	س	ر	ط	ة	ط	ع	ة
غ	ل	ف	ا	س	ص	د	آ	ة	ث	ظ	و	ا	ر
م	ع	ى	ع	غ	آ	ي	ف	ئ	آ	ف	ل	ل	ص
ب	ر	ش	ئ	س	ف	ا	م	د	ي	ن	ة	م	د
ي	ض	م	ض	ت	ى	ن	ه	ر	ق	ث	ك	ي	ظ
ة	ص	ا	ا	م	ئ	خ	ض	ب	ئ	ت	ت	ة	ق
ج	ط	ل	خ	ط	ا	ل	ا	س	ت	و	ا	ء	ا
ن	آ	ط	غ	ا	ر	ت	ف	ا	ع	ي	ي	ى	ر
و	ر	د	ع	ر	س	ق	ذ	خ	ن	ة	ف	ع	ة
ب	ؤ	ث	س	ك	ب	ج	ط	آ	ز	ض	ا	ن	ؤ

أطلس
جبل
خط العرض
قارة
جزيرة
خط الاستواء
ارتفاع
خريطة
بلد
خط الطول
ميريديان
شمال
محيط
منطقة
نهر
مدينة
العالمية
غرب
بحر
جنوب

75 - Kunstbenodigdheden

ى	ب	ك	ا	م	ي	ر	ا	ط	ة	م	ض	ن	ك
أ	م	ط	ل	ا	ف	أ	ك	ر	ي	ل	ي	ك	ر
ق	إ	م	أ	ء	ن	ل	ض	غ	ى	ف	و	ش	س
ل	ض	ض	ل	و	ت	و	ف	ر	ش	آ	ي	إ	ي
ا	ل	ث	و	ظ	د	ا	ل	ح	ا	م	ل	ن	خ
م	ت	ش	ا	ل	ق	ن	آ	ش	م	م	ذ	ؤ	ف
ا	إ	ل	ن	ك	ج	م	ص	م	غ	ح	ب	ر	ظ
ل	ب	ف	ت	ث	ف	ا	ل	د	ه	ا	ن	ا	ت
ر	د	ش	ش	ج	ؤ	ئ	ر	ق	ل	ة	د	خ	ق
ص	ا	ن	ف	ط	ط	ي	ن	ف	ع	ي	ح	و	ز
ا	ع	ئ	ط	ى	ا	ة	ع	ف	ن	ز	ض	م	ع
ص	ع	ط	ق	ش	إ	و	ذ	س	ع	و	ض	ص	ف
ر	ئ	ة	ى	إ	ؤ	و	ل	د	ز	ر	ط	آ	ظ
ا	ل	ب	ا	س	ت	ي	ل	ة	ص	ق	خ	خ	خ

أكريليك
ألوان مائية
فرش
كاميرا
إبداع
الحامل
ممحاة
فحم
حبر
طين

الألوان
صمغ
نفط
ورق
الباستيل
أقلام الرصاص
كرسي
طاولة
الدهانات
ماء

76 - Barbecues

ز	ا	م	ظ	ع	ص	غ	ن	ض	ذ	س	ق	ط	ط
س	ل	و	ظ	ظ	خ	د	و	أ	ج	د	ط	م	ع
ح	ش	س	ن	ي	ك	ا	ك	س	ؤ	ج	ا	ج	د
ئ	و	ي	ت	ض	خ	ء	خ	ر	ا	ط	ف	و	ع
ؤ	ك	ق	ة	ي	ا	و	ش	ة	م	ا	ل	ع	و
ح	ح	ى	ص	غ	م	ح	ل	م	ك	غ	ف	ش	ة
ا	ت	ا	ط	ل	س	ل	ا	ه	ق	ذ	ل	ا	ؤ
ر	ت	ا	و	ر	ض	خ	ة	ب	ف	ي	ص	ء	ط
ر	ل	س	ظ	ل	ز	ت	ص	ا	ل	ؤ	ط	د	ط
و	ف	ج	إ	ل	م	ل	ل	ش	ي	ع	ع	ح	ئ
ى	ر	ق	ؤ	ا	ز	إ	ص	و	ذ	ط	ب	و	ض
ؤ	ض	ل	د	ل	س	م	ة	ز	ك	إ	ش	ى	ن
ز	ع	ت	ك	ص	د	خ	ث	ئ	ي	ذ	خ	ج	ة
ش	د	ق	ق	خ	ا	خ	ع	ي	آ	آ	ل	ا	ب

عشاء
أسرة
فاكهة
شواية
خضروات
حار
جوع
دجاج
غداء
سكاكين

موسيقى
فلفل
السلطات
صلصة
طماطم
بصل
دعوة
الشوك
صيف
ملح

77 - Wetenschappelijke Discip

ب	ع	ل	م	ا	ل	ا	ج	ت	م	ا	ع	ع	ج
ك	ي	م	ي	ا	ء	ص	ئ	ع	ز	ل	ل	ل	ي
ج	ف	و	س	ن	آ	س	إ	ل	ي	ف	م	م	و
ر	آ	ا	ل	ت	ا	ت	ت	م	آ	ي	ا	ا	ل
ع	ض	ا	ى	و	ي	ذ	ت	ا	ع	ز	ل	ل	و
س	ي	ز	ت	آ	ج	ح	ي	ل	ل	ي	م	ن	ج
م	ذ	س	ت	ة	ض	ي	ث	م	م	ا	ن	ب	ي
ى	ظ	ؤ	ل	ف	آ	ن	ا	ع	ا	ء	ا	ا	ا
ع	ل	م	ا	ل	ف	ل	ك	ا	ل	ش	ع	ت	ل
م	ي	ك	ا	ن	ي	ك	ا	د	أ	ص	ة	ش	ل
ت	غ	ذ	ي	ة	ل	و	خ	ن	ع	ب	ح	ر	ئ
ع	ل	م	ا	ل	ن	ف	س	ش	ص	آ	ت	ي	ى
ف	ي	ز	ي	و	ل	و	ج	ي	ا	ؤ	ج	ح	ح
ى	ث	ي	ئ	ل	ا	ل	ر	و	ب	و	ت	ا	ت

تشريح
علم الفلك
بيولوجيا
كيمياء
فيزيولوجيا
جيولوجيا
علم المناعة
ميكانيكا

علم المعادن
الفيزياء
علم الأعصاب
علم النبات
علم النفس
الروبوتات
علم الاجتماع
تغذية

78 - Bijvoeglijke Naamwoorden

ش	ب	ق	د	ب	ز	ج	ى	ب	ظ	ج	ا	ئ	ع
ف	خ	و	ر	س	ر	ل	ة	ث	ص	ط	ل	ش	إ
ج	خ	ا	ا	ن	ق	ي	ط	ز	إ	س	ج	ؤ	ث
ر	إ	خ	م	و	ه	و	ب	ل	س	س	د	ح	خ
ز	ة	ن	ا	ة	ذ	خ	ي	م	ص	ح	ي	ص	ك
ز	ع	ع	ت	ز	ق	ل	ع	ئ	س	ج	د	ص	ج
ز	ق	س	ي	ا	ب	ا	ي	و	ن	ؤ	د	ل	ع
ظ	ب	ا	ك	ل	ج	ق	أ	ص	ل	ي	و	ك	ا
ذ	ع	ن	ي	ظ	ك	ي	ق	م	ش	و	ق	ل	د
و	ا	م	ت	ع	ب	ر	و	ت	ت	ص	ر	م	ي
ؤ	ل	ة	ر	ص	ب	ث	ي	ض	ي	ف	ؤ	ر	ط
ط	ذ	ئ	ض	س	ظ	ث	ح	ن	ل	ي	ز	غ	ى
ر	ش	ب	ح	ر	ع	ف	ح	ن	ة	ز	ش	ة	ن
م	ا	ل	ح	ج	ا	ئ	ت	ج	ر	ص	ذ	ئ	إ

أصلي
موهوب
وصفي
خلاق
دراماتيكي
صحي
جائع
مشوق
متعب
طبيعي

الجديد
عادي
إنتاجي
نعسان
قوي
فخور
مسؤول
بري
مالح
نقي

79 - Kleding

ا	ئ	و	ش	ا	ح	د	ة	ت	ز	آ	ى	ط	خ
ل	د	ا	غ	ض	ق	س	ك	و	ن	ش	ب	ف	ع
س	ب	ؤ	خ	ط	ل	ة	ز	خ	ز	و	ك	ت	ع
ت	ل	ا	إ	ظ	ا	ف	س	ت	ا	ن	ر	ق	ع
ر	و	ح	س	ج	د	ق	ب	ع	ة	خ	ع	ة	ذ
ة	ز	ز	ث	ن	ة	ش	إ	ق	ا	ض	ى	ق	ب
و	ة	ا	ج	ز	و	ع	ز	ح	م	ع	ط	ف	ق
ض	ث	م	و	ض	ة	م	ض	ذ	ق	ي	ط	ل	ف
و	ث	ر	ا	ط	غ	ص	آ	ا	ة	ع	ص	ي	ا
ف	ل	ذ	ر	ر	ط	ف	ئ	ء	م	م	و	ئ	ز
ل	ط	م	ب	ص	ن	ا	د	ل	ئ	و	س	ى	ا
آ	ض	ج	س	و	ا	ر	ا	ش	ز	ن	ص	ق	ت
س	ر	و	ا	ل	س	ت	ر	ة	ر	ك	ج	ر	ئ
ر	س	ط	ز	ص	م	ف	ل	س	ي	خ	ع	ا	ة

لباس نوم
حزام
تنورة
صنادل
حذاء
مئزر
قميص
وشاح
جوارب
سترة

سوار
بلوزة
سروال
قفازات
قبعة
معطف
السترة
فستان
قلادة
موضة

80 - Vliegtuigen

ا	ر	ت	ف	ا	ع	ؤ	آ	ؤ	ن	آ	ن	ت	ا
ت	ل	ط	س	ص	ظ	ئ	إ	ب	ع	ص	ز	د	ل
ج	ى	غ	ؤ	ل	ة	غ	م	ؤ	س	م	ا	ء	ت
ا	ك	د	ل	ف	ط	ر	ح	خ	خ	غ	ط	ت	ن
ه	و	ا	ء	ا	ض	ط	ر	ا	ب	ا	ا	ا	ق
ن	ح	و	ض	ص	ف	ي	ك	خ	م	م	ق	ل	ل
م	ن	س	ص	ط	د	ا	ؤ	ف	د	ر	م	ت	ع
ب	ت	ك	ب	س	ف	ر	ل	د	ا	ة	إ	ص	ؤ
ى	ا	ص	ل	ن	ئ	ث	ه	ج	و	آ	ر	م	إ
ح	ض	ل	ق	ز	ا	ئ	ب	ط	و	ف	ا	ي	ش
م	ى	ل	و	خ	ع	ء	و	ح	ق	ي	ك	م	ئ
ي	ؤ	ع	ز	ن	ة	و	ط	ث	و	ك	ب	ز	ئ
ا	ل	ت	ا	ر	ي	خ	ش	د	د	ئ	ظ	س	خ
ه	ي	د	ر	و	ج	ي	ن	ض	س	خ	ت	إ	ظ

اصل
الغلاف الجوي
مغامرة
بالون
طاقم
بناء
وقود
التاريخ
سماء
ارتفاع

هبوط
هواء
محرك
التنقل
التصميم
راكب
طيار
اتجاه
اضطراب
هيدروجين

81 - Herbalisme

خ	ث	خ	ز	ز	إ	ح	ك	ث	ز	ا	خ	ل	ى
ز	و	آ	ع	إ	ض	ج	ل	ه	ا	ح	س	ت	ئ
ا	م	ت	ي	ر	ط	ع	ر	ل	ل	ة	د	و	ج
م	ر	ظ	ز	ي	د	ة	ص	د	ط	س	خ	ا	ص
ى	ث	ك	ع	ح	ش	و	ق	د	ر	م	ئ	ب	ن
ك	ف	ش	ف	ا	ب	ئ	ح	ئ	خ	ت	ي	ل	ى
ل	ت	ز	ر	ن	ت	د	س	ن	و	د	ق	ب	ؤ
ز	ت	ك	ا	ى	ي	د	ش	ك	ن	إ	ج	م	ج
ب	ا	ك	ن	ق	آ	ة	ج	ه	ض	س	خ	ئ	ة
ر	ل	ب	ة	غ	ب	ة	ح	ة	ع	خ	ص	ا	ق
ا	ع	ل	ب	ج	ل	ا	ل	ي	ل	ك	إ	ل	خ
ئ	ن	ج	ن	ئ	ع	ث	ع	ج	م	ذ	ث	ط	ف
ض	ص	إ	ع	ر	ض	خ	أ	خ	ز	ع	ر	ه	ع
ة	ر	م	ش	ل	ا	ب	ت	ش	ف	إ	ع	ي	ج

عطري
ريحان
زهرة
الطهي
شبت
الطرخون
أخضر
العنصر
ثوم
جودة

خزامى
مردقوش
توابل
بقدونس
إكليل الجبل
زعفران
نكهة
زعتر
حديقة
الشمرة

82 - Piraten

ي	ف	غ	ف	ش	ة	ا	ب	ذ	ش	م	ع	ا	ت
م	ح	ي	ط	ا	ق	م	ع	ه	ذ	غ	د	ب	ص
خ	ر	ي	ط	ة	ك	ه	ف	ب	ك	ا	ى	ل	ا
ط	س	س	ي	ء	ح	ح	ق	ب	ا	م	ح	ح	ظ
ر	ث	ش	ا	ط	ئ	ي	ح	غ	ب	ر	ب	ت	ة
ؤ	ؤ	ص	إ	ة	ئ	ف	م	ا	ت	ة	ش	ث	ظ
ا	ر	م	ب	ز	ؤ	ر	آ	ء	ن	ح	ف	ل	ظ
أ	س	ط	و	ر	ة	ب	ب	ث	إ	ز	إ	ج	ج
ز	ي	ج	ز	ي	ر	ة	ر	غ	آ	آ	س	ذ	ى
ش	ف	و	غ	غ	ن	د	ب	ة	ط	ن	غ	ص	ف
ث	ع	ط	ك	ك	ض	ض	ا	و	ف	م	ش	ي	آ
س	و	ل	ؤ	ب	س	ؤ	ص	ي	ص	ت	ة	ذ	ش
ر	إ	غ	م	ة	ة	ؤ	ب	إ	ر	ل	ك	ن	ز
و	ص	ث	خ	ي	ر	ك	ة	و	ئ	د	ة	ع	ن

مرساة
مغامرة
طاقم
جزيرة
خطر
ذهب
كهف
خريطة
كابتن
بوصلة

أسطورة
ندبة
محيط
ببغاء
رم
كنز
سيء
شاطئ
علم
سيف

83 - Om in te Vullen

ص	ذ	ئ	ز	إ	خ	س	ك	أ	ن	ب	و	ب	م
ظ	ا	ث	ج	ج	ج	ر	ة	ر	ج	ث	آ	ش	ج
ح	ض	ج	ي	ي	ا	إ	غ	ق	ت	ح	و	ض	ل
غ	ض	ا	س	ب	ظ	ج	ز	ف	ق	و	ص	ح	د
ط	إ	ع	ل	ب	ة	ج	ة	ص	إ	ي	ن	ق	ل
ي	ج	ن	ة	د	ب	ر	م	ي	ل	ص	غ	ي	و
ي	ئ	س	ت	ب	ر	ط	غ	ن	ب	ص	ب	ب	ث
خ	ط	ط	ب	إ	ح	ج	ل	ي	ل	س	ص	ة	ي
ع	ض	س	س	ج	ز	ق	ف	ة	آ	ح	ظ	س	س
س	ط	إ	ب	غ	م	غ	ى	غ	ؤ	ط	ع	ف	ز
د	ز	ه	ر	ي	ة	و	ع	ف	ى	ؤ	ط	ر	ن
ض	غ	ف	ث	ض	ث	ج	ز	ؤ	ئ	ة	ئ	غ	إ
ط	ئ	م	س	ص	إ	آ	و	ج	ل	ة	ف	ق	ث
آ	ق	ق	ت	ز	ظ	و	ؤ	ث	ا	ج	ث	آ	ئ

حوض
أنبوب
صينية
علبة
دلو
مغلف
زجاجة
كرتون
حقيبة سفر

قفص
الدرج
سلة
مجلد
حزمة
جرة
زهرية
برميل
جيب

84 - Surfen

ا	م	ج	د	ا	ف	ر	د	ث	م	ز	ئ	م	ر
ر	ح	ز	ئ	ل	ئ	ي	ؤ	ا	ل	م	ع	د	ة
غ	ي	إ	و	ح	ض	ا	إ	ب	م	ك	ك	ض	ف
و	ط	ك	خ	ش	ع	ض	ن	ط	ة	خ	ن	ش	ب
ة	ب	ز	ى	و	ح	ي	ب	ق	س	ق	ع	ى	ل
ذ	د	ى	ت	د	ث	ع	ظ	ط	س	س	ز	ذ	ع
م	ر	ح	س	ؤ	آ	و	و	ز	ل	ق	و	ة	ة
ب	م	ز	غ	ت	ي	و	و	س	ل	س	ر	ع	ة
س	ط	ؤ	ى	ع	ع	ك	ش	خ	س	ص	ش	خ	ع
ئ	و	س	ذ	ن	م	ط	ث	ش	ب	ئ	ا	ي	ر
ئ	ث	ت	إ	ر	ا	ق	س	ذ	ا	م	ط	ش	ض
إ	ي	ظ	ر	ن	ق	س	ص	ؤ	ح	و	ئ	ع	ن
آ	ز	إ	د	ي	ط	ا	ض	ب	ة	ج	ئ	ب	إ
م	ت	ط	ر	ف	م	ب	ت	د	ئ	ة	ف	ي	خ

رياضي
مبتدئ
متطرف
موجة
بطل
قوة
المعدة
الحشود
محيط
مجداف

مرح
شعبي
رغوة
سرعة
رش
نمط
شاطئ
طقس
للسباحة

85 - Rijden

ك	ط	ل	ى	آ	س	د	ف	ش	ب	ؤ	ث	ث	و
ر	خ	إ	د	ض	ي	غ	ز	ا	ش	ض	ف	ا	ز
ا	ر	ة	ت	غ	ا	ز	ن	ح	ف	ر	ا	م	ل
ج	ي	أ	م	ن	ر	د	ف	ن	ا	ظ	ط	ت	ح
ي	ط	ا	ح	ا	ة	و	ق	ة	ل	ذ	ر	ة	ر
و	ة	آ	ر	إ	ا	ط	ف	آ	م	ئ	ي	ؤ	ك
ق	غ	ص	ك	خ	ب	ظ	آ	ح	ش	ل	ق	ة	ة
و	ش	ق	س	ر	ع	ة	ؤ	خ	ا	خ	ط	ر	ا
د	ر	ا	ج	ة	ن	ا	ر	ي	ة	د	د	ك	ل
ش	ث	ن	ر	ز	ى	ض	ر	خ	ص	ة	ث	ا	م
ؤ	ز	ي	ك	ع	خ	ا	ض	ج	ض	ح	ب	ج	ر
ك	ش	ة	و	ط	ش	م	ك	ع	ك	ؤ	ز	ظ	و
خ	ز	إ	ط	ا	ث	ل	ط	و	ن	ق	م	ة	ر
ص	ث	ا	ة	ذ	ش	م	ص	آ	س	ق	ي	ظ	م

سيارة
وقود
كراج
غاز
خطر
خريطة
رخصة
محرك
دراجة نارية
حادث
شرطة
فرامل
سرعة
شارع
نفق
أمن
حركة المرور
المشاة
شاحنة
طريق

86 - Wetenschap

ي	آ	ط	ا	ل	ج	س	ي	م	ا	ت	ا	ف	ن
د	و	ب	ا	ل	ب	ي	ا	ن	ا	ت	ل	ر	ب
ب	ة	ي	خ	غ	م	ذ	ر	ا	ئ	ذ	م	ض	ا
ع	ص	ع	م	ا	ق	ر	ت	خ	س	ن	ع	ي	ت
ا	ي	ة	ن	ل	س	ة	ا	ج	إ	ب	ا	ة	ا
ل	إ	ا	ح	ف	ر	ي	ة	ق	ر	و	د	ش	ت
م	م	م	خ	ي	ذ	إ	ث	ش	ب	ب	ن	ل	ى
و	خ	ج	ك	ز	ح	ح	آ	ض	ق	ة	ة	م	ظ
ا	ت	ا	س	ي	ق	ف	ظ	ع	ك	ن	ش	ى	ظ
ط	ب	ذ	ئ	ا	ي	ة	ص	ح	ز	ظ	ث	ب	ر
د	ر	ب	ق	ء	ق	ئ	ك	غ	ص	د	ع	ض	ت
ش	ح	ي	ة	ف	ة	ش	س	ص	ؤ	ذ	د	غ	ت
ج	آ	ة	ق	آ	ل	غ	ك	ل	ت	ط	و	ر	ف
د	ت	ز	ن	ة	ج	ز	ي	ئ	ا	ت	ئ	د	ح

ذرة
الجسيمات
تطور
تجربة
حقيقة
حفرية
البيانات
فرضية
مناخ
مختبر

طريقة
المعادن
جزيئات
طبيعة
الفيزياء
المراقبة
نباتات
عالم
جاذبية

87 - Badkamer

ط	ب	س	ج	ت	ي	ك	م	ص	ا	ب	و	ن	ض
ع	ؤ	خ	ج	م	ئ	ا	ن	ط	غ	ع	ق	ك	ب
ش	ش	ر	ا	ا	ف	ل	ش	إ	س	ف	ن	ج	ش
م	غ	و	ئ	ر	د	ب	ف	ث	و	ق	ج	ع	ث
م	ر	آ	ة	ض	ض	ة	ة	ف	ل	ا	خ	آ	د
ق	خ	غ	ع	م	ف	ز	غ	خ	ب	ع	ط	ر	ز
ص	خ	ظ	غ	ي	إ	ث	ج	ت	ش	ا	د	د	ع
ش	ؤ	ز	م	ج	ط	غ	ظ	ي	ز	ت	ز	م	ع
ت	ا	ض	ا	ر	ث	ش	ش	ؤ	ح	م	ا	م	ك
س	ش	م	ء	س	م	ق	آ	ن	ح	إ	ش	ت	ت
ت	ص	ن	ب	و	ر	د	ى	ب	ظ	ف	ك	ي	ع
ذ	ى	ح	د	و	ح	ى	آ	ل	ك	ل	ع	ن	غ
ط	م	آ	ش	آ	ا	س	ف	ث	ذ	ا	ح	ى	خ
ت	ت	ط	ا	ت	ض	ف	د	ك	ك	ض	م	ئ	س

شامبو
مرآة
إسفنج
بخار
سجادة
ماء
مرحاض
صابون

حمام
فقاعات
دش
منشفة
صنبور
غسول
عطر
مقص

88 - Speelgoed

ا	م	ع	ل	ص	ل	ت	ل	ت	ك	ل	ط	ب	ش
ل	غ	ز	آ	ج	غ	ذ	س	ظ	ف	ي	ص	ذ	ا
ك	م	ب	ض	ظ	ل	د	ل	ة	ق	ش	ن	ى	ح
ت	ف	ش	د	ئ	ق	ا	ر	ب	ط	ل	ط	ي	ن
ب	ض	ة	ج	ر	ل	أ	ل	ع	ا	ب	ا	ف	ة
ا	ل	د	ه	ا	ن	ا	ت	ط	ر	و	ئ	ب	ط
ئ	ل	د	م	ي	ة	ئ	و	ظ	ب	ط	ر	ل	ز
د	ط	ح	د	ى	خ	ص	آ	د	س	و	ة	ع	ن
غ	ش	ط	ر	ن	ج	ن	س	خ	ي	ا	ل	س	ل
ط	ع	د	ا	ف	آ	ر	خ	ك	ا	ذ	ك	ى	إ
ذ	خ	س	ج	ت	ت	و	ب	ي	ر	و	ب	و	ت
ل	ذ	ع	ة	ظ	ش	ف	ف	ح	ة	ة	خ	خ	ح
ط	ا	ئ	ر	ة	و	ر	ق	ي	ة	ة	ف	خ	ط
ؤ	ة	ي	خ	إ	ج	خ	د	إ	ط	ا	ر	ف	د

الحرف
سيارة
كرة
الكتب
قارب
الطبول
مفضل
دراجة
ألعاب
طين

دمية
لغز
روبوت
شطرنج
قطار
خيال
الدهانات
طائرة ورقية
طائرة
شاحنة

89 - Muziekinstrumenten

ر	ذ	ؤ	ع	د	م	ه	ق	و	ق	ن	ب	م	ذ
ا	ك	ر	ن	ف	ن	ا	ح	ش	ة	ا	ا	ز	ض
ل	ج	ن	ك	ص	د	ر	ر	ع	غ	ق	س	م	إ
ب	و	ق	م	غ	و	م	ب	ي	ظ	و	و	ا	ك
ا	ل	ت	ش	ي	ل	و	ئ	ش	م	س	ن	ر	م
ن	ظ	ا	ب	ر	ي	ن	إ	ئ	د	ب	س	غ	ا
ج	ة	ث	ل	ض	ن	ي	ى	ذ	ت	ي	ا	ل	ن
و	ا	ض	ق	م	ت	ك	ت	ث	ب	ا	ك	ا	ص
ئ	م	ر	ى	ح	ز	ا	ح	ع	ة	ن	س	و	م
ق	ي	ث	ا	ر	ة	م	ة	ج	إ	و	ف	آ	س
ر	إ	آ	ط	ن	إ	ع	ا	ت	ر	ط	و	ف	س
ع	ع	د	ث	ا	ك	ا	د	ر	ا	ب	ن	خ	آ
د	ض	ج	ح	ي	د	ل	ز	ز	ز	ل	ل	ك	س
ا	ل	ت	ر	و	م	ب	و	ن	ب	خ	ظ	إ	م

البانجو
التشيلو
باسون
ناي
قيثارة
ناقوس
جنك
المزمار
مزمار
مندولين
ماريمبا
هارمونيكا
قرع
بيانو
ساكسفون
دف صغير
الترومبون
طبل
بوق
كمان

90 - Activiteiten en Vrije Ti

ص	ل	ل	ف	ب	ع	ص	ت	ت	ن	س	ب	ا	ق
ئ	ر	م	ج	ن	ة	ك	ر	ة	ا	ل	س	ل	ة
ج	إ	ظ	و	ئ	ر	ؤ	ل	ص	و	ر	ت	ك	س
ت	س	ل	ل	ا	ك	ؤ	ط	ي	ض	ظ	ن	ر	ا
ث	ج	ث	ف	ؤ	ك	ب	ع	د	ؤ	ة	ة	ة	ل
ا	و	ا	ل	ه	و	ا	ي	ا	ت	ت	ا	ا	س
ص	ل	ق	ب	ؤ	ظ	ل	ص	ل	خ	ص	ق	ل	ف
ا	ف	ا	ي	م	ب	غ	غ	س	ي	ف	ن	ط	ر
ط	ل	و	س	آ	ؤ	و	د	م	ي	ح	ش	ا	ت
ؤ	غ	ل	ب	ت	ض	ص	ق	ك	م	ة	ت	ئ	ئ
ظ	ا	ب	و	ك	ر	ة	ا	ل	ق	د	م	ر	ض
م	ؤ	ز	ل	ح	س	خ	ش	س	ب	ا	ح	ة	ف
ش	ج	ج	ق	ض	ة	و	ا	ل	ف	ي	ق	ض	ذ
م	ل	ا	ك	م	ة	خ	ظ	ء	ن	س	ل	د	د

كرة السلة
ملاكمة
الغوص
جولف
صيد السمك
الهوايات
بيسبول
تخييم
فن
الاسترخاء

سباق
السفر
اللوحة
تصفح
تنس
بستنة
كرة القدم
الكرة الطائرة
سباحة

91 - Water

ص	خ	و	ك	ي	د	ب	ب	ف	ج	خ	ج	ل	ى
ز	ص	ح	ؤ	إ	ش	ؤ	خ	و	ي	ذ	ى	ج	ر
ل	ق	ن	ا	ة	ظ	ث	ا	د	د	ض	ط	ر	ا
ط	ي	ه	م	ي	إ	ل	ر	إ	ط	ع	ا	س	م
ؤ	ع	ر	ض	ى	ر	ج	ا	ل	ر	ي	خ	ن	ص
ع	ى	ط	ل	ظ	ط	إ	ط	د	ت	و	ع	ط	ل
أ	م	و	ا	ج	ب	ى	ت	ف	ي	ش	ا	م	ة
ا	س	ب	إ	ت	ش	ل	ز	ز	ق	ع	ض	إ	ن
ب	ع	ة	ع	آ	ئ	ظ	ت	ب	ي	ف	ب	آ	ع
و	ح	ؤ	ص	ج	ل	ي	د	ة	ط	ق	م	ش	ئ
ذ	ذ	ي	ا	ك	ح	ش	ض	ف	ع	م	ح	ي	ط
غ	ض	ا	ر	ع	ؤ	ة	ط	ئ	ش	ر	ط	ر	ش
د	ظ	آ	ن	ة	ت	آ	د	م	ج	خ	ث	ر	خ
س	خ	ا	ن	ك	ط	ت	ز	ت	ب	خ	ر	ن	ب

دش
سخان
أمواج
جليد
الري
قناة
بحيرة
محيط
إعصار

فيضان
مطر
نهر
ثلج
بخار
تبخر
رطب
رطوبة
صقيع

92 - Schaken

ق	ل	م	ل	ك	ذ	ل	ر	إ	م	ل	ك	ة	إ
أ	ي	س	ض	ق	ظ	ش	ث	س	ب	ع	س	ق	آ
ب	ت	ا	ل	خ	ص	م	ك	ت	ن	ط	ل	ب	ك
ي	ع	ب	ر	ظ	ظ	ق	ب	ر	ي	ظ	ل	ن	ع
ض	ل	ق	و	ا	ع	د	ل	ا	ل	ع	ب	ه	ا
ق	م	ة	ز	ل	ش	ز	ا	ت	ل	ل	ا	ع	ب
ب	ط	ذ	ذ	ت	ف	ئ	ل	ي	م	ن	ض	و	ئ
ح	ش	ر	ك	ح	ط	ؤ	و	ج	ج	ض	ق	ل	ى
ر	ع	ح	ي	د	م	ض	ق	ي	ه	ا	ظ	ا	ف
أ	س	و	د	ي	ن	ض	ت	ة	و	د	ب	ن	ط
ي	ص	ح	ح	ا	ا	ع	ض	ح	ل	ة	ن	ب	آ
ج	ت	ي	غ	ت	ف	غ	ح	ض	خ	ح	ذ	ا	ع
ز	ظ	و	ن	ى	س	ي	ي	ي	خ	آ	ج	ل	غ
ئ	و	ي	ر	ن	ة	د	ة	ذ	خ	ض	ئ	ش	غ

قطري
بطل
ملك
ملكة
ليتعلم
تضحية
مبني للمجهول
النقاط
قواعد
ذكي

لعبه
لاعب
إستراتيجية
الخصم
الوقت
مسابقة
التحديات
منافسة
أبيض
أسود

93 - Boerderij #1

ط	ص	ف	ق	ا	ظ	ق	ب	ا	ق	ئ	ق	ط	ذ
ف	ش	ص	د	ع	ف	ف	ؤ	ت	ل	ذ	ط	ش	ك
ا	س	ن	س	ج	ؤ	ذ	ش	ط	ط	ا	ي	آ	م
ح	ق	ح	ز	ي	ا	ط	س	إ	و	ظ	ع	ذ	ن
ض	و	ل	غ	ى	ا	ج	م	ا	ء	ف	س	ج	ك
غ	ئ	ة	ر	غ	ر	ج	ا	ت	غ	ة	ل	م	ل
ح	ق	م	ا	ع	ز	ئ	د	أ	ر	ز	ل	ب	ب
ا	ة	ت	ب	ن	ر	ح	م	ا	ر	ع	ى	ل	ق
غ	ث	ش	ح	ص	ا	ن	ج	ش	ل	ي	ح	ت	ر
ز	ك	ئ	ق	ي	ع	ظ	ط	ي	ت	ش	ر	ئ	ة
آ	ر	ح	ل	ن	ة	ب	ذ	و	ر	ن	ن	س	ذ
ل	ع	ز	م	ش	ك	آ	خ	م	آ	غ	ر	خ	ذ
ك	ح	غ	ب	م	ض	م	ر	آ	ع	خ	م	ح	ف
د	ش	ج	ش	ؤ	ص	ن	ب	ى	ف	غ	و	إ	آ

نحلة
حمار
ماعز
سياج
كلب
عسل
تبن
عجل
قط
دجاج

بقرة
غراب
قطيع
زراعة
سماد
حصان
أرز
حقل
ماء
بذور

94 - Huis

ق	ب	و	ج	ح	ش	ج	ت	د	ح	ط	د	ج	ر
ب	م	ج	ع	ج	ئ	ق	ث	ط	د	آ	ة	ط	ى
ط	ص	آ	ل	ة	د	ا	آ	ث	ي	ش	خ	ش	ث
ض	ب	ا	ب	أ	ق	ح	ل	ج	ق	ش	ة	ؤ	ة
ك	ا	ط	ه	ث	ف	ا	س	ن	ة	س	ق	ف	ق
د	ح	ز	ط	ا	د	م	ج	س	ك	ج	ؤ	ب	ق
ق	م	ا	ك	ث	ف	ك	ك	ل	ح	ا	ئ	ط	غ
ك	م	ر	آ	ة	ع	ت	ج	ن	ف	د	ر	ق	ج
غ	ر	ف	ة	م	ط	ب	خ	ذ	س	ة	د	خ	ى
ع	ض	ا	غ	ر	ف	ة	ن	و	م	ة	س	ؤ	ض
ط	ص	و	ج	س	ع	ش	ع	ط	د	ر	ي	ظ	ك
م	د	خ	ن	ة	ئ	ل	ة	ق	ف	ئ	ا	ط	ز
ذ	ة	س	ذ	ئ	ش	ش	ع	ل	أ	ن	ج	ع	س
آ	إ	ذ	ك	ل	ذ	ق	ن	ئ	ة	ف	ط	د	ل

مكنسة
مكتبة
سقف
باب
دش
كراج
مدفأة
سياج
غرفة
قبو

مطبخ
مصباح
أثاث
حائط
مدخنة
غرفة نوم
مرآة
سجادة
حديقة
علبه

95 - Kleuren

ا	أ	ص	ف	ر	ب	ص	آ	ك	و	ؤ	ت	ض	ك
ج	ز	ش	ز	ا	ن	ز	ش	ط	ط	ش	غ	ئ	ن
ش	ر	ر	ق	ك	ف	ق	ب	ن	ي	د	ا	ك	ن
ض	ق	ط	ق	أ	س	ؤ	ن	ي	ل	ي	ة	ى	أ
ث	أ	ئ	ف	س	ج	ت	ي	ص	ج	أ	ز	و	ر
و	خ	ب	د	و	م	و	ق	ع	ت	ل	ش	ى	ج
ط	د	ئ	ي	د	آ	ا	ل	س	و	ط	ض	ي	و
أ	ح	م	ر	ض	ث	ف	و	ش	ي	ا	و	ش	ا
خ	ق	ب	ر	ت	ق	ا	ل	ي	ط	ؤ	ر	ج	ن
ض	ل	م	م	ك	ض	ل	آ	إ	ؤ	ق	د	آ	ي
ر	و	ر	ا	ز	خ	ض	ئ	ح	ك	ل	ي	ر	ر
ث	ف	س	د	ي	ة	ص	آ	ب	ب	ئ	ح	ض	ج
ز	إ	ذ	ي	ي	و	ت	ك	إ	ع	ر	ض	ز	ض
ج	ل	ط	غ	ظ	ؤ	ق	ح	د	آ	ش	و	غ	ك

أزور
بيج
أزرق
بني
ازرق سماوي
فوشيا
أصفر
رمادي
أخضر

نيلي
برتقالي
أرجواني
بنفسج
أحمر
وردي
بني داكن
أبيض
أسود

96 - Verjaardag

ط	ض	ا	ص	ح	ا	ب	ط	ا	ق	ا	ت	س	ذ
ب	و	غ	ق	ف	إ	ز	د	ة	ة	ه	م	ش	ة
ش	ة	ة	ل	ظ	س	ش	ج	و	ل	د	ر	ج	د
ح	ك	م	ة	ذ	ك	ا	ي	ب	س	ي	ح	ن	ث
غ	أ	ع	ش	ب	ك	ب	ك	ق	غ	ة	خ	ا	ص
ؤ	غ	ل	ا	ظ	م	ر	ل	ي	ت	ع	ل	م	ج
س	ن	ة	ل	ا	ش	ا	ي	ا	غ	ة	ى	م	ذ
ث	ي	س	و	ح	و	ل	آ	ا	ل	ش	م	و	ع
و	ة	ة	ق	ت	خ	د	ذ	ل	ت	ا	ص	ا	ظ
ف	ا	ع	ت	ف	ق	ع	إ	ع	ن	س	م	ح	ؤ
ي	ل	ق	غ	ا	ؤ	و	و	و	ذ	إ	م	ر	ك
ئ	و	خ	ل	ل	ن	ا	ي	س	ع	ي	د	ب	ي
ق	ى	م	ر	ة	ر	ت	ئ	م	ض	ث	ل	ص	ك
آ	ك	ذ	ش	آ	ج	ع	د	ج	ح	ك	آ	ؤ	س

كيك
يوم
ولد
سعيد
هدية
ذكريات
سنة
شاب
الشموع
بطاقات

تقويم
ليتعلم
أغنية
مرح
خاص
الوقت
الدعوات
احتفال
اصحاب
حكمة

97 - Getallen

ر	أ	ر	ب	ع	ة	ع	ش	ر	أ	ج	ا	م	ت
ن	م	ى	ي	ر	غ	ل	ت	ض	س	ر	ص	ض	ن
خ	ج	ص	إ	ع	م	ث	ى	ي	ب	ع	ب	ل	س
ي	ث	ظ	ث	ث	ل	ا	ث	ة	ع	ش	ر	ع	آ
ي	ل	ث	م	ع	ش	ا	ث	ل	ة	ر	س	ش	ة
ص	غ	و	ا	ح	د	ص	ث	ق	ا	ة	ب	ر	ظ
غ	خ	ا	ن	ق	ا	إ	ت	ن	خ	ث	ع	و	ح
س	م	ي	ي	ع	ئ	ط	س	ق	ا	ؤ	ة	ن	د
ت	س	ع	ة	ع	ش	ر	ع	ز	م	ع	ع	آ	ج
ة	ة	ئ	ع	ص	ف	ر	ة	ذ	ر	د	ش	ئ	ط
ؤ	ع	ش	ش	ث	م	ا	ن	ي	ة	ض	ر	ر	ث
خ	ش	ج	ر	ن	ى	ا	ث	ن	ا	ن	س	غ	ك
ئ	ر	س	ت	ة	ع	ش	ر	ب	ط	ر	ل	ض	ة
ح	ي	ط	إ	خ	م	س	ة	ن	ط	ذ	ة	س	ى

ثمانية
ثمانية عشر
ثلاثة عشر
ثلاثة
واحد
تسعة
تسعة عشر
صفر
عشرة
اثنا عشر

اثنان
عشرون
أربعة عشر
أربعة
خمسة
خمسة عشر
ستة
ستة عشر
سبعة
سبعة عشر

98 - Boerderij #2

ث	و	ط	ق	ك	ن	ا	ل	خ	ض	ر	و	ا	ت
ق	ل	خ	ئ	ب	د	ل	ؤ	ه	ن	ا	ص	ب	و
ح	ى	ك	إ	إ	ذ	ح	ل	ي	ب	ط	ة	م	ر
ح	ص	ظ	ح	خ	ز	ي	م	ب	ث	د	ن	ذ	ط
ظ	ب	ق	م	ح	ن	و	ز	و	م	ز	ا	ر	ع
ي	ذ	و	ض	ط	ص	ا	ا	ل	ر	ي	ا	ط	ا
ر	ز	ظ	ب	خ	ظ	ن	ا	ض	ج	ب	ل	ت	م
ة	ا	ص	ظ	ذ	ف	ا	إ	ج	ح	ي	ر	ت	ع
س	آ	ن	د	ر	ر	ت	ج	ر	ا	ر	ا	ض	آ
ك	ب	ا	غ	خ	ع	ة	ق	ج	م	ش	ع	ي	ر
و	س	ؤ	د	ر	و	آ	س	ف	ن	ئ	ي	ش	ي
ؤ	ت	ج	ك	و	ك	ف	ص	ث	ت	ا	ز	إ	ط
ى	ا	ئ	ق	ف	ا	ك	ه	ة	آ	ة	ث	إ	ع
غ	ن	ط	ا	ح	و	ن	ة	ه	و	ا	ئ	ي	ة

حبوب ذرة
حليب
ناضج
خروف
حظيرة
قمح
جرار
طعام
مرج
طاحونة هوائية

مزارع
بستان
الحيوانات
بطة
فاكهة
شعير
الخضروات
الراعي
الري
لهب

99 - Voeding

ا	ل	ك	ر	ب	و	ه	ي	د	ر	ا	ت	ن	ى
ل	ل	س	م	ة	ي	ض	ش	خ	ن	ة	د	ك	م
ص	ف	ب	و	ز	ن	م	م	آ	ث	ظ	ت	ه	آ
ح	ن	ص	ر	ا	ا	ط	ت	و	ا	ب	ل	ة	ز
ة	ص	ظ	ا	و	ئ	ج	و	آ	ت	س	ح	ر	ر
ح	م	ي	ة	ل	ت	ل	ا	س	م	ز	ص	ش	س
ج	ج	خ	ي	ص	ح	ي	ز	م	ت	خ	م	ي	ر
و	ت	غ	ر	ح	ع	ل	ن	ر	ش	ش	ئ	ى	ث
د	ص	ي	ز	ي	م	إ	ل	ا	ي	ه	ق	ط	ف
ة	ف	ي	ت	ا	م	ي	ن	أ	ت	ي	غ	ف	و
ا	ل	م	غ	ذ	ي	ش	ع	ث	ك	ة	ة	ز	آ
ص	ل	ص	ة	ن	ش	س	ذ	ر	ق	ل	ذ	ث	إ
ق	ظ	ظ	ث	آ	ى	ل	ا	خ	ت	ت	ع	ن	ث
ل	ئ	ث	ص	س	ت	ب	ض	ذ	ف	ا	ئ	آ	ل

الكربوهيدرات
جودة
صلصة
نكهة
توابل
هضم
سم
فيتامين
سوائل
المغذي

مر
حمية
صالح للأكل
شهية
البروتينات
متوازن
تخمير
وزن
صحي
الصحة

1 - Metingen

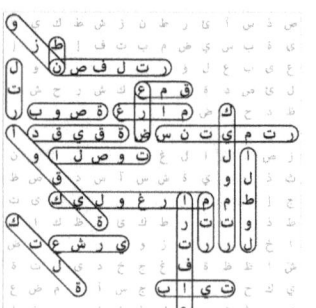

2 - Keuken

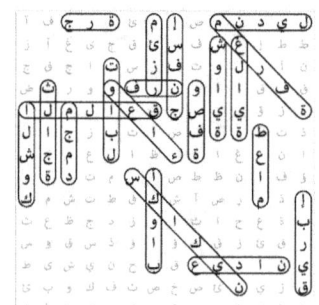

3 - Boten

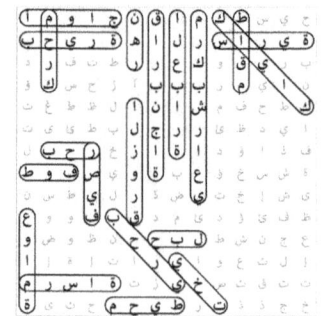

4 - Chocolade

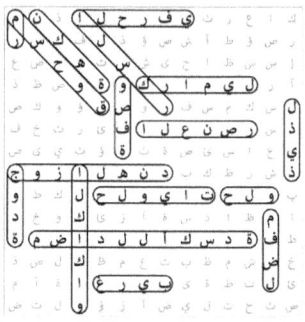

5 - Tijd

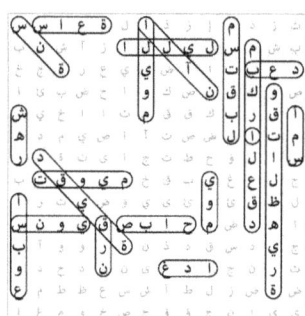

6 - Meditatie

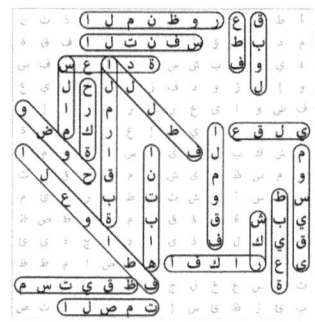

7 - Zomer

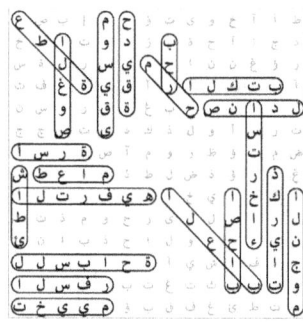

8 - Vogels

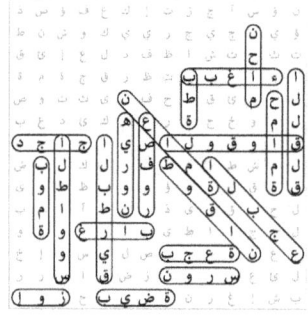

9 - Behoud

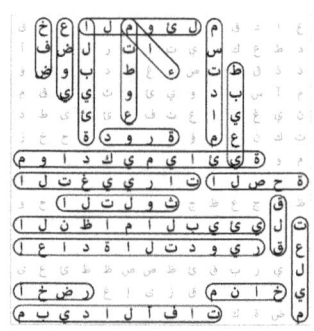

10 - Wiskunde

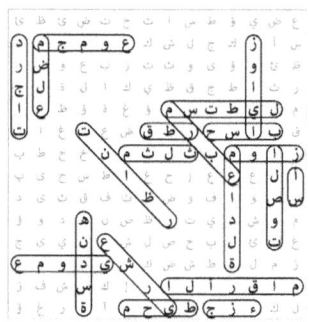

11 - Camping

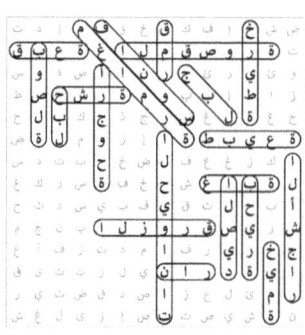

12 - Activiteiten

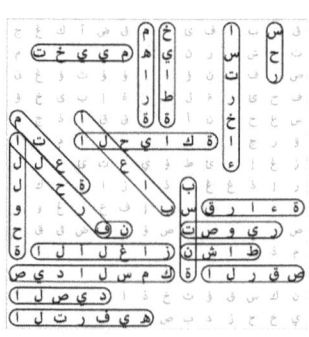

13 - Vormen

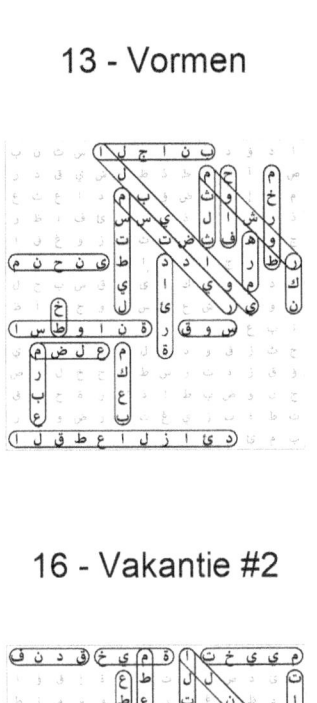

14 - Astronomie

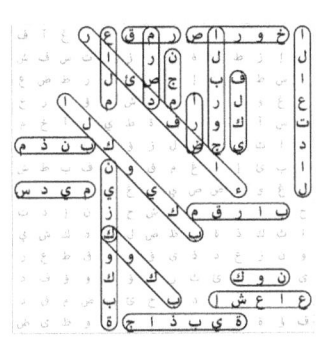

15 - Emoties

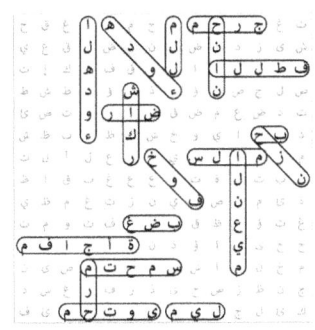

16 - Vakantie #2

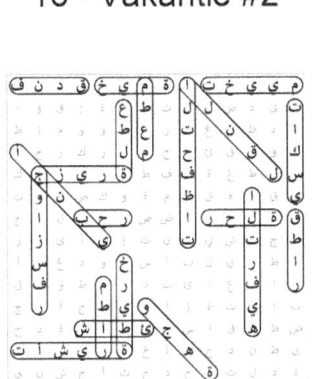

17 - Weersomstandigh

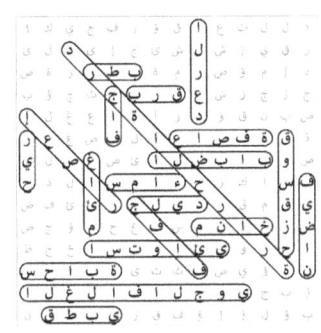

18 - Strand

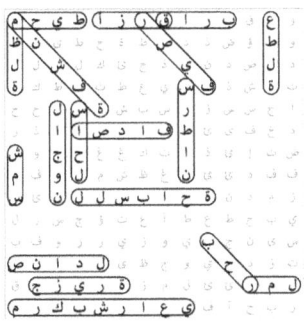

19 - Eten #2

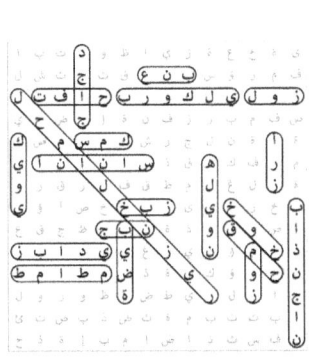

20 - Klimmen

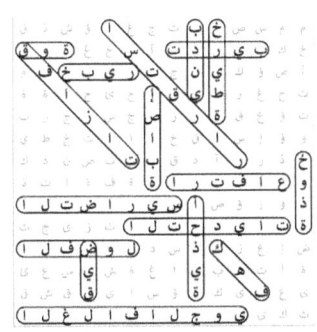

21 - Restaurant #1

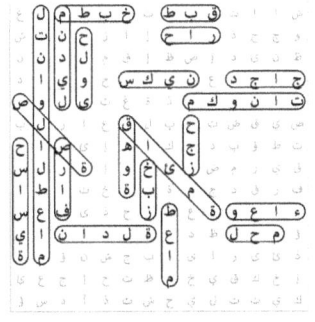

22 - Geologie

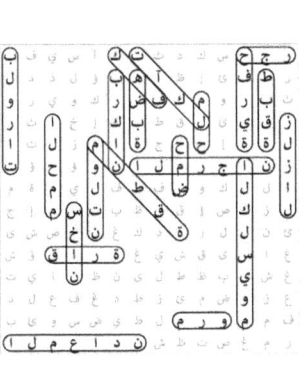

23 - Specerijen

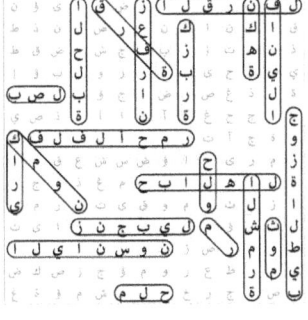

24 - Groenten

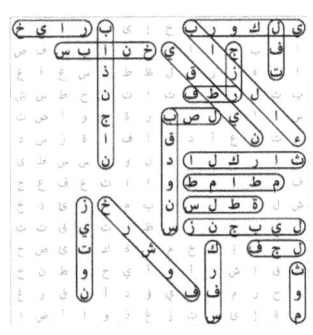

25 - Dans

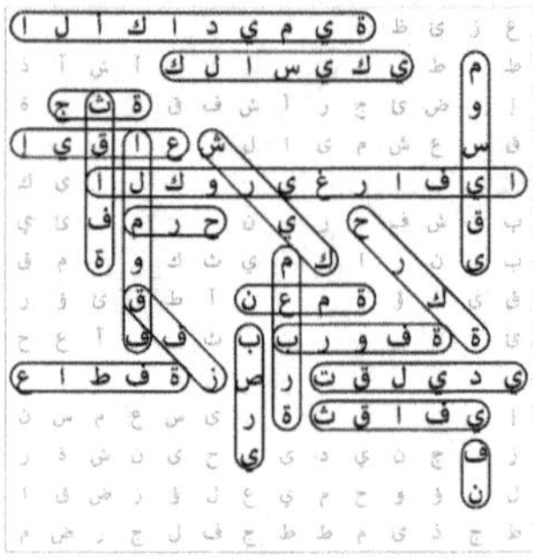

26 - Sport

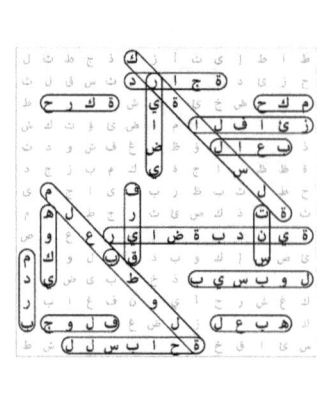

27 - Mythologie

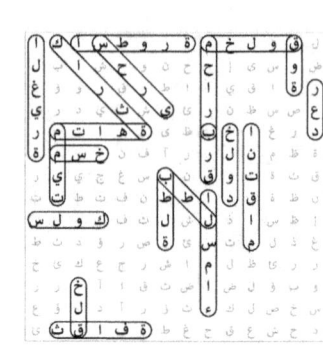

28 - Eten #1

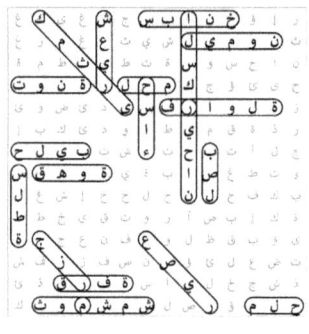

29 - Avontuur

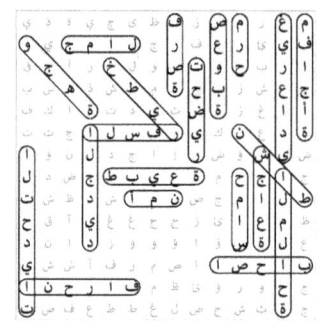

30 - Circus

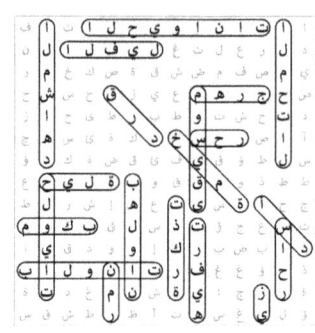

31 - Restaurant #2

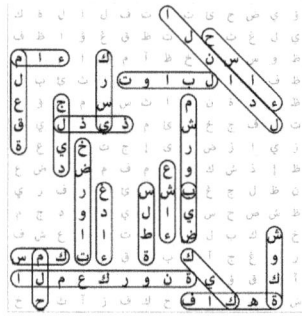

32 - Bijen

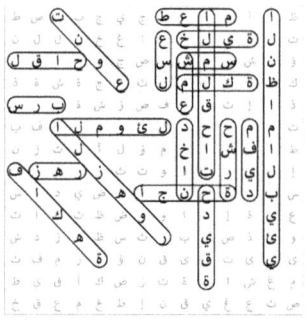

33 - School #1

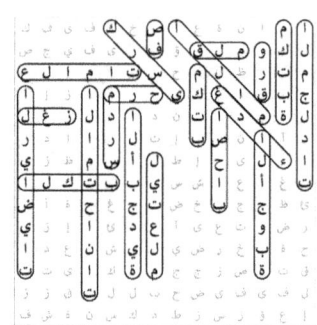

34 - Wandelen

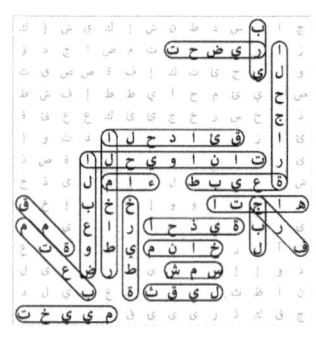

35 - Ecologie

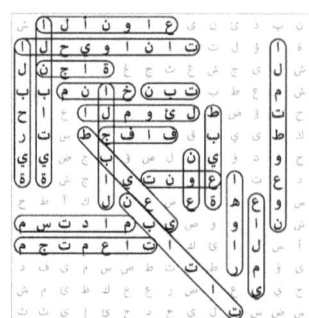

36 - Installaties

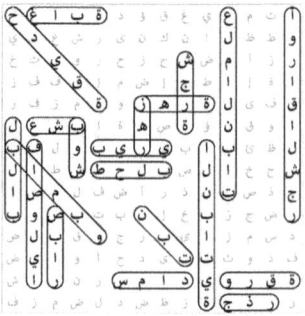

37 - School #2

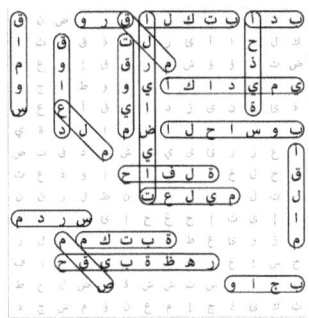

38 - Oceaan

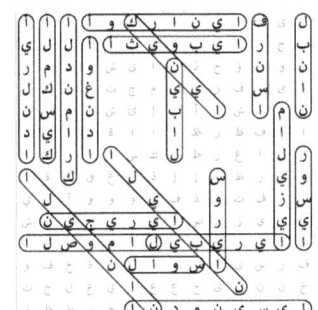

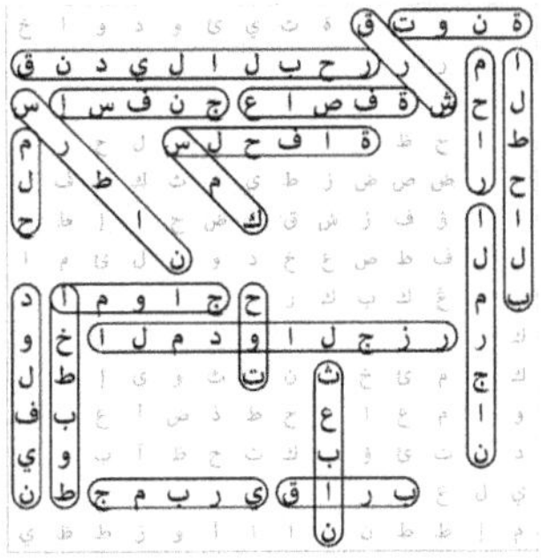

39 - Landen #2

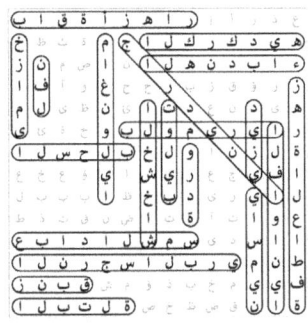

40 - Bloemen

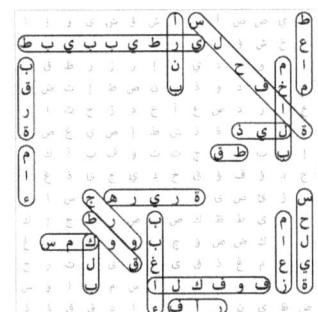

41 - Huisdieren

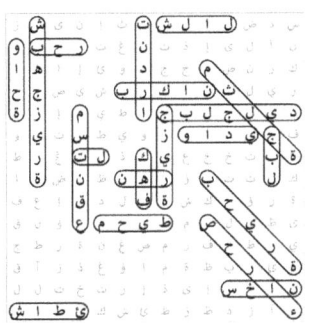

42 - Landschappen

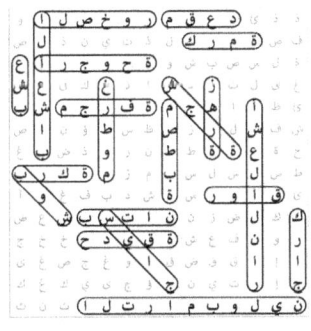

43 - Tuin

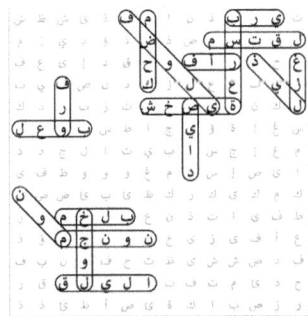

44 - Katten

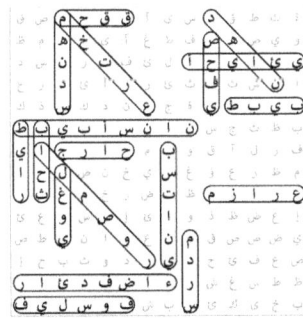

45 - Beroepen #2

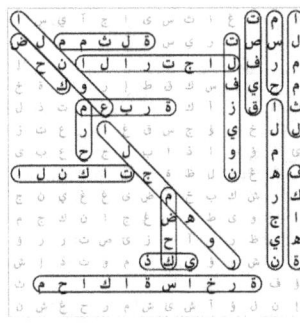

46 - Komedie

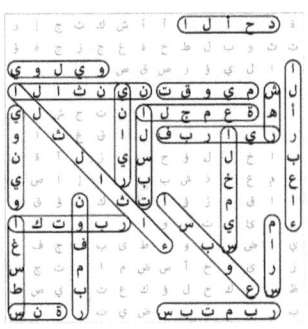

47 - Dagen en Maanden

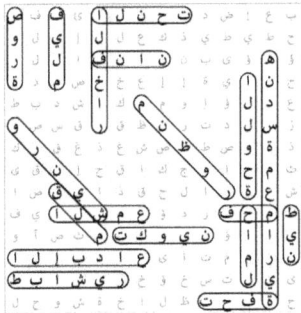

48 - Beeldende Kunsten

49 - Menselijk Lichaam

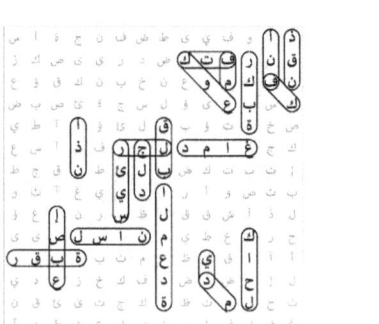

50 - Familie

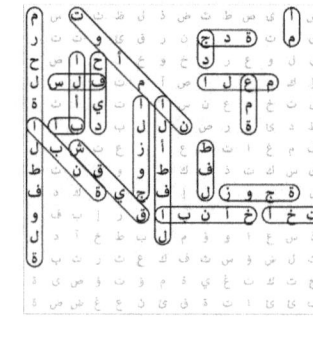

51 - Gebouwen

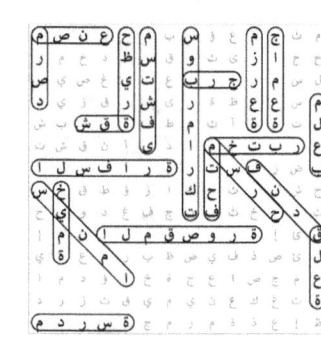

52 - Kunst

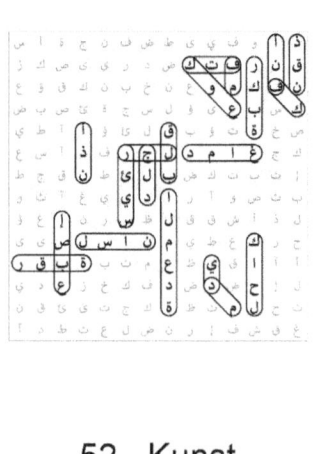

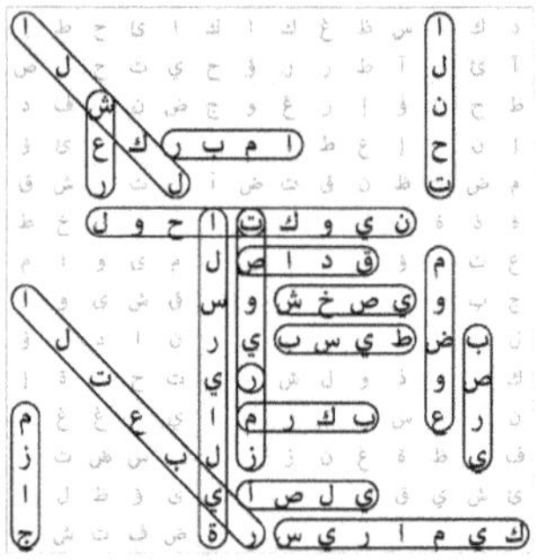

53 - Beroepen #1

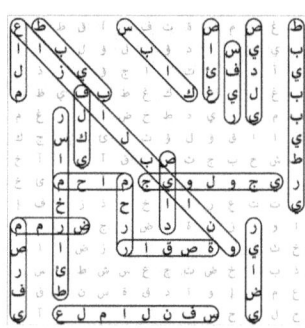

54 - Kastelen

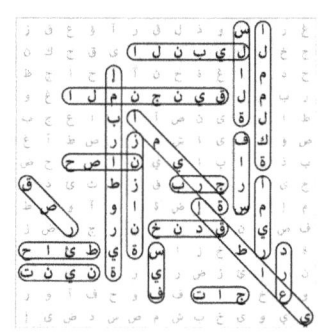

55 - Insecten

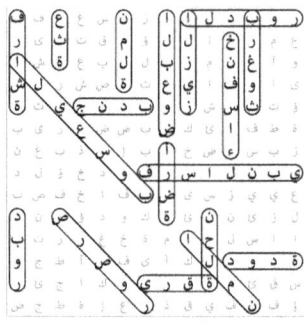

56 - Antarctica

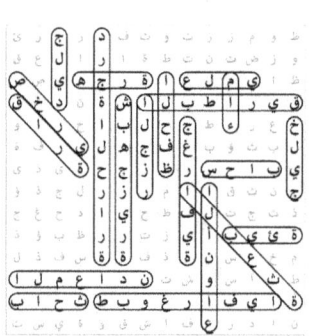

57 - Ballet

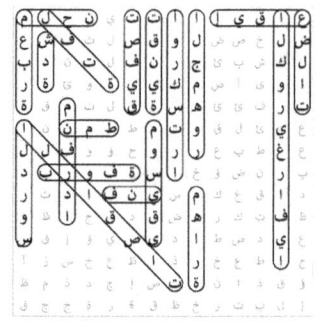

58 - Vissen

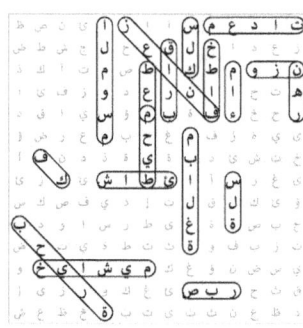

59 - Fruit

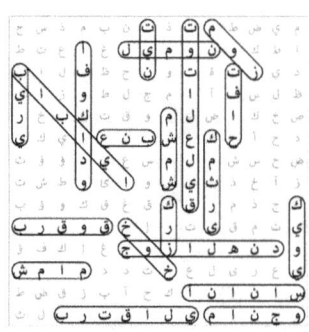

60 - Literatuur

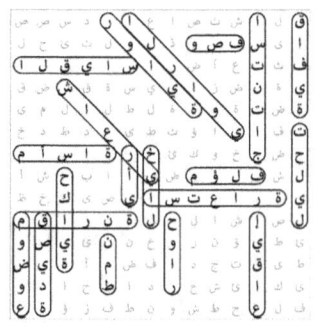

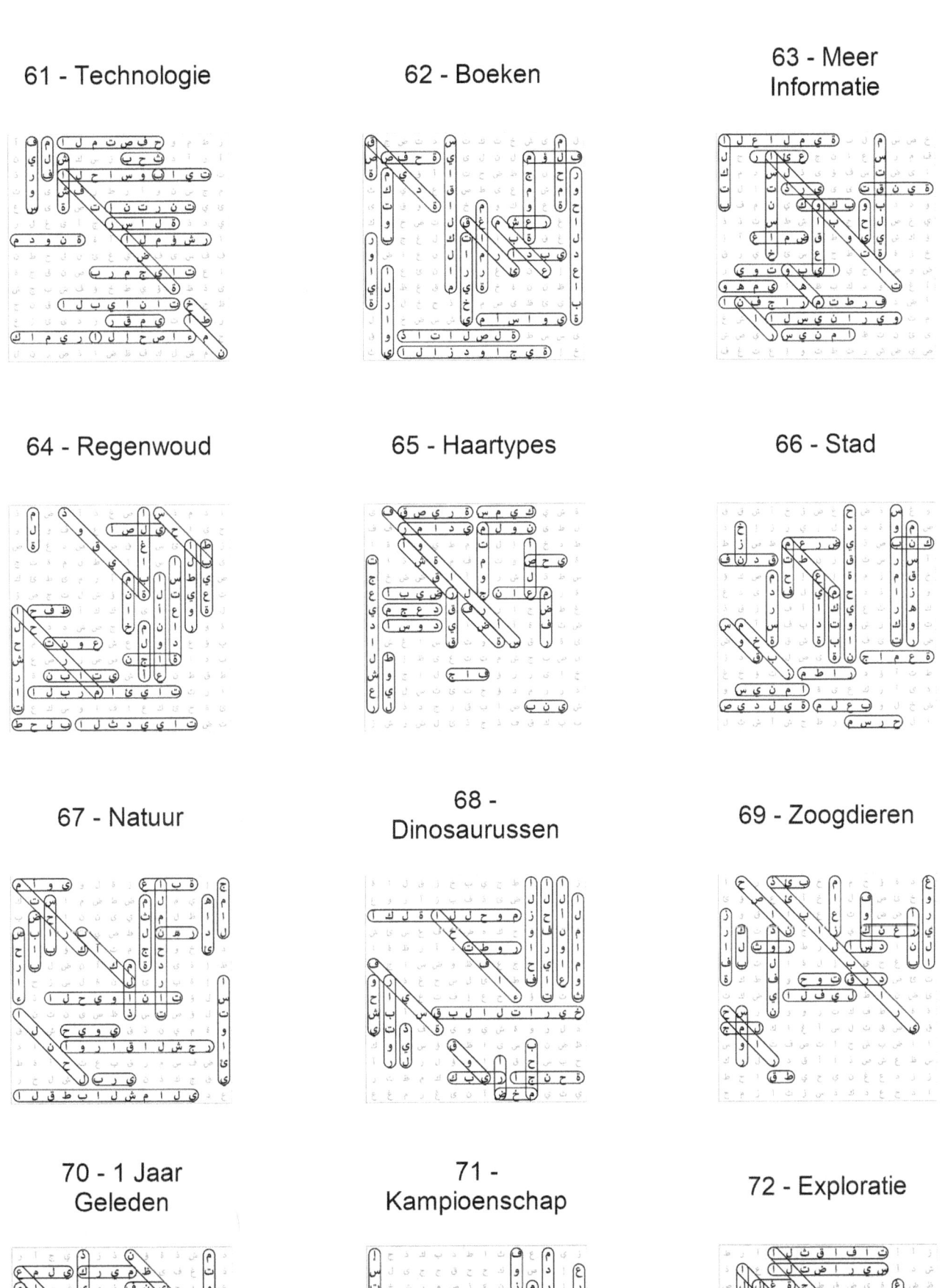

61 - Technologie

62 - Boeken

63 - Meer Informatie

64 - Regenwoud

65 - Haartypes

66 - Stad

67 - Natuur

68 - Dinosaurussen

69 - Zoogdieren

70 - 1 Jaar Geleden

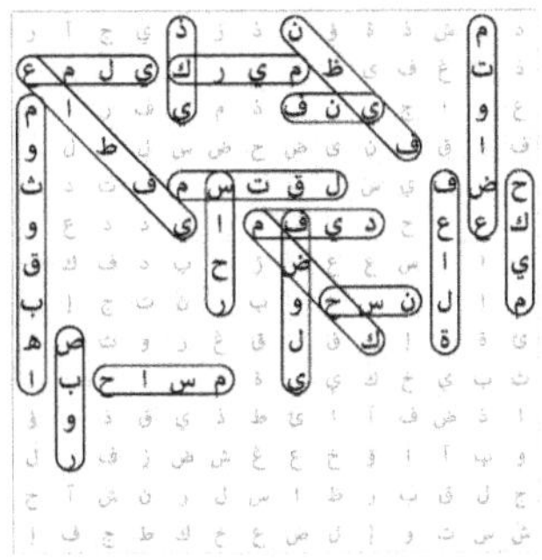

71 - Kampioenschap

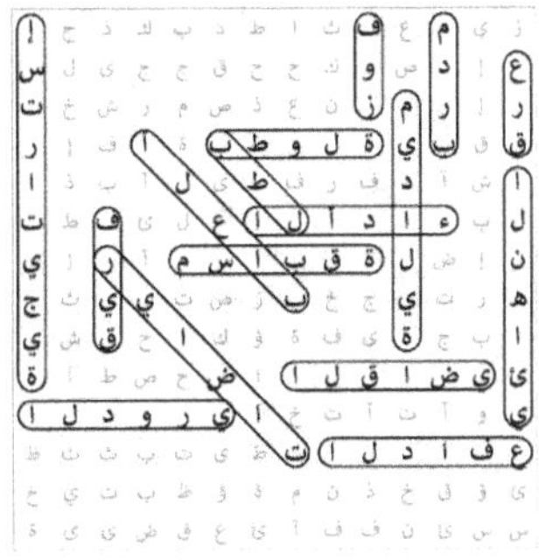

72 - Exploratie

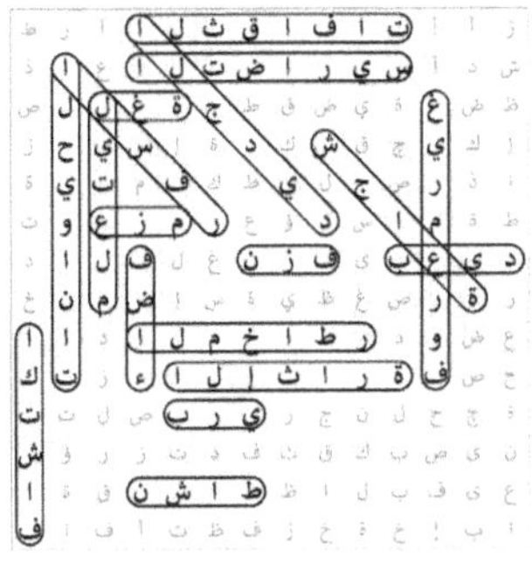

73 - Voertuigen

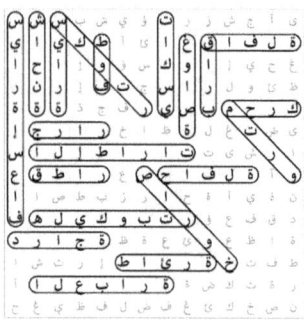

74 - Geografie

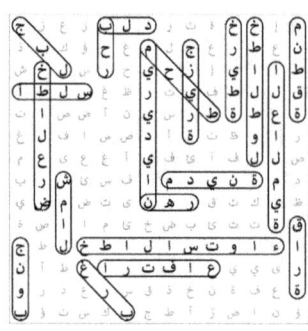

75 - Kunstbenodigdhe

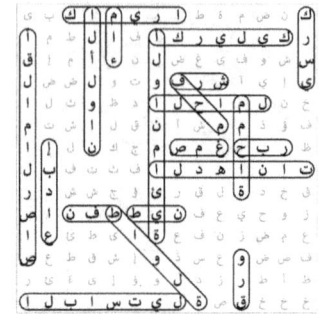

76 - Barbecues

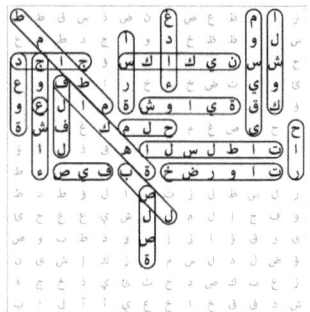

77 - Wetenschappelijk

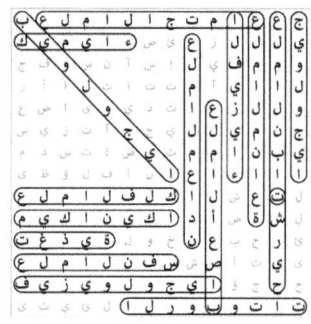

78 - Bijvoeglijke Naamwoorden

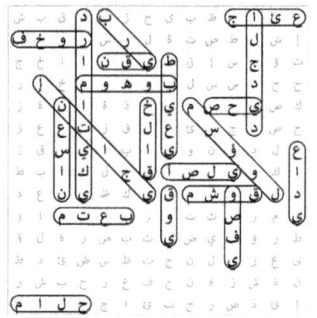

79 - Kleding

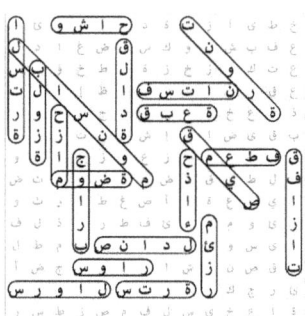

80 - Vliegtuigen

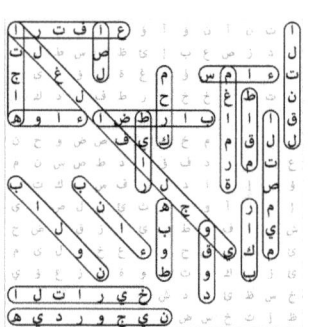

81 - Herbalisme

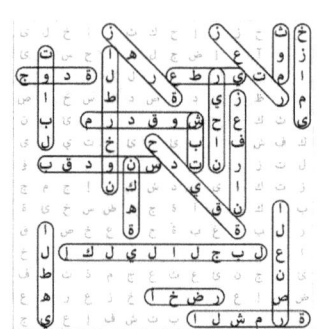

82 - Piraten

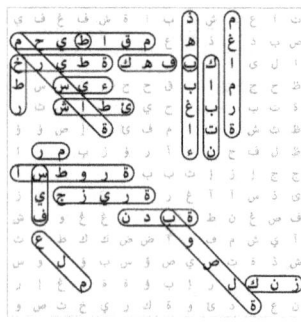

83 - Om in te Vullen

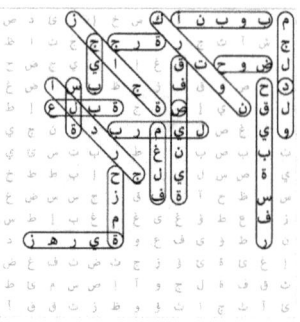

84 - Surfen

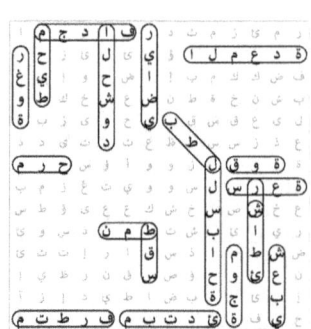

85 - Rijden

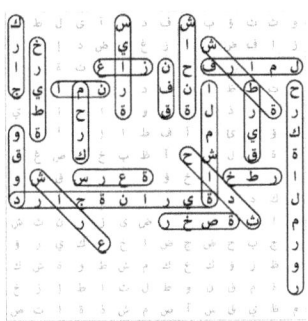

86 - Wetenschap

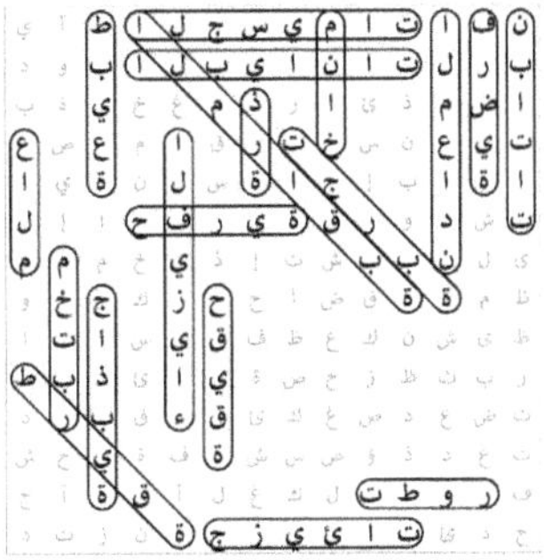

87 - Badkamer

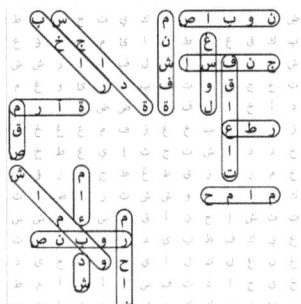

88 - Speelgoed

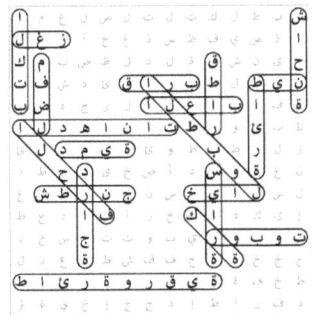

89 - Muziekinstrument

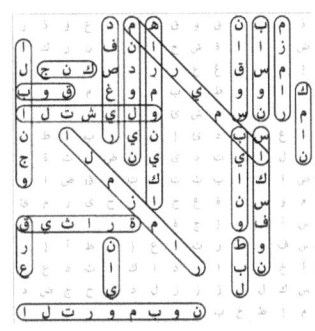

90 - Activiteiten en Vrije Ti

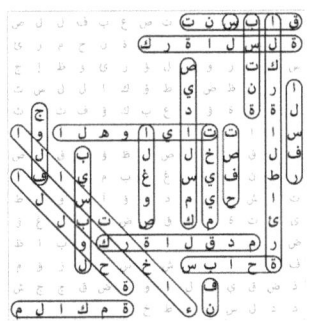

91 - Water

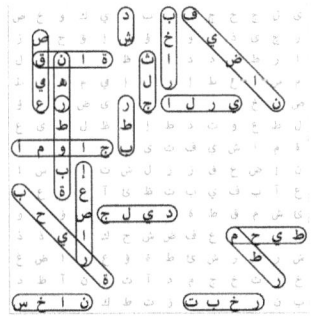

92 - Schaken

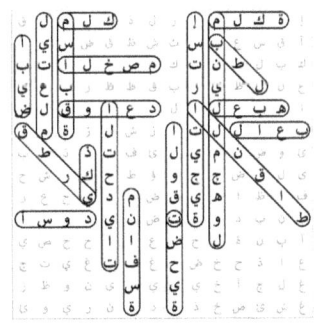

93 - Boerderij #1

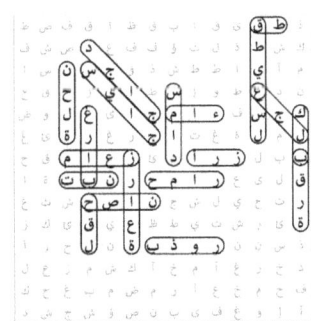

94 - Huis

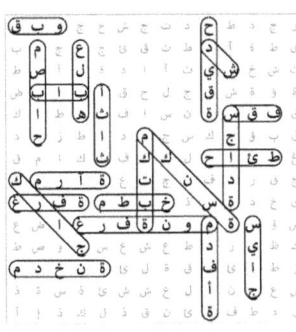

95 - Kleuren

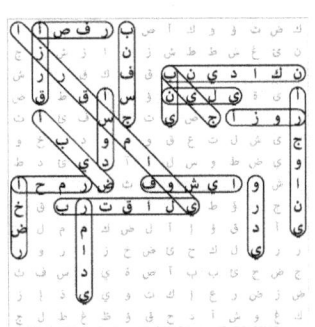

96 - Verjaardag

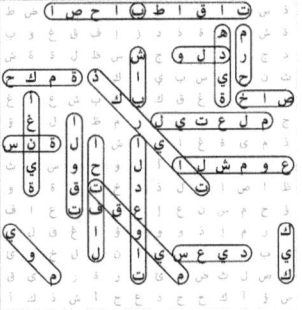

97 - Getallen

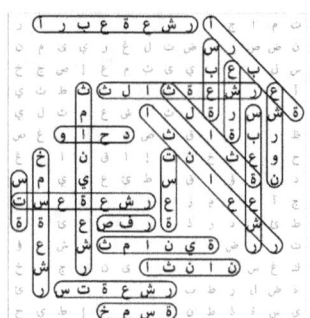

98 - Boerderij #2

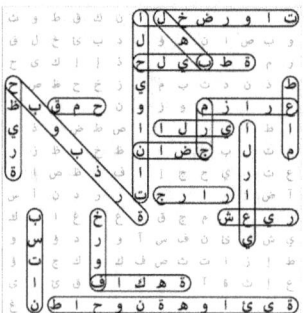

99 - Voeding

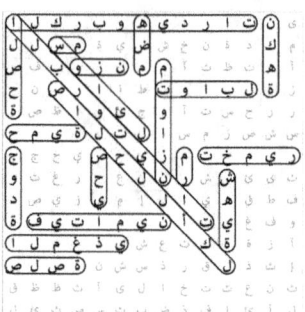

Woordenboek

1 Jaar Geleden

الفضائل #1

Artistiek	فني
Behulpzaam	مفيد
Bescheiden	متواضع
Beslissend	حاسم
Betrouwbaar	موثوق بها
Charmant	ساحر
Efficiënt	فعالة
Gepassioneerd	عاطفي
Goed	حسن
Grappig	مضحك
Gul	كريم
Intelligent	ذكي
Nieuwsgierig	فضولي
Onafhankelijk	مستقل
Patiënt	صبور
Praktisch	عملي
Schoon	نظيف
Wijs	حكيم

Activiteiten

الأنشطة

Activiteit	نشاط
Ambachten	الحرف
Breien	الحياكة
Dansen	الرقص
Fotografie	تصوير
Games	ألعاب
Hengelsport	صيد السمك
Jacht	الصيد
Kamperen	تخييم
Kunst	فن
Lezen	قراءة
Magie	سحر
Naaien	خياطة
Ontspanning	استرخاء
Plezier	متعة
Puzzels	الألغاز
Schilderij	اللوحة
Tuinieren	بستنة
Vaardigheid	مهارة
Vrije Tijd	الترفيه

Activiteiten en Vrije Ti

الأنشطة والترفيه

Basketbal	كرة السلة
Boksen	ملاكمة
Duiken	الغوص
Golf	جولف
Hengelsport	صيد السمك
Hobby	الهوايات
Honkbal	بيسبول
Kamperen	تخييم
Kunst	فن
Ontspannen	الاسترخاء
Racen	سباق
Reis	السفر
Schilderij	اللوحة
Surfen	تصفح
Tennis	تنس
Tuinieren	بستنة
Voetbal	كرة القدم
Volleybal	الكرة الطائرة
Zwemmen	سباحة

Antarctica
القارة القطبية الجنوبية

Baai	خليج
Behoud	الحفظ
Continent	قارة
Eilanden	الجزر
Expeditie	البعثة
Geografie	جغرافية
Ijs	جليد
Migratie	هجرة
Mineralen	المعادن
Omgeving	بيئة
Onderzoeker	باحث
Pinguïn	البطاريق
Rotsachtig	صخري
Schiereiland	شبه جزيرة
Soort	الأنواع
Temperatuur	درجة الحرارة
Topografie	طبوغرافيا
Water	ماء
Wetenschappelijk	علمي
Wolken	سحاب

Astronomie
علم الفلك

Aarde	أرض
Asteroïde	الكويكب
Astronaut	رائد فضاء
Astronoom	فلكي
Dierenriem	البروج
Equinox	الاعتدال
Komeet	مذنب
Kosmos	عالم
Maan	قمر
Meteoor	نيزك
Nevel	سديم
Observatorium	مرصد
Planeet	كوكب
Raket	صاروخ
Ster	نجم
Sterrenbeeld	كوكبة
Straling	إشعاع
Telescoop	مقراب
Universum	كون
Zwaartekracht	جاذبية

Avontuur
مغامرة

Activiteit	نشاط
Bestemming	وجهة
Enthousiasme	حماس
Excursie	انحراف
Gevaarlijk	خطير
Kans	فرصة
Moed	شجاعة
Moeilijkheid	صعوبة
Natuur	طبيعة
Navigatie	الملاحة
Nieuw	الجديد
Ongewoon	غير عادي
Reizen	السفر
Schoonheid	جمال
Uitdagingen	التحديات
Veiligheid	أمن
Verrassend	مفاجأة
Voorbereiding	تحضير
Vreugde	مرح
Vrienden	اصحاب

Badkamer
حمام

Bad	حمام
Bellen	فقاعات
Douche	دش
Handdoek	منشفة
Kraan	صنبور
Lotion	غسول
Parfum	عطر
Schaar	مقص
Shampoo	شامبو
Spiegel	مرآة
Spons	إسفنج
Stoom	بخار
Tapijt	سجادة
Water	ماء
Wc	مرحاض
Zeep	صابون

Ballet
باليه

Applaus	تصفيق
Artistiek	فني
Choreografie	الكوريغرافيا
Componist	ملحن
Dansers	الراقصات
Expressief	معبرة
Gebaar	لفتة
Intensiteit	شدة
Lessen	الدروس
Muziek	موسيقى
Orkest	أوركسترا
Publiek	الجمهور
Repetitie	بروفة
Ritme	إيقاع
Solo	منفردا
Spieren	عضلات
Stijl	نمط
Techniek	تقنية
Vaardigheid	مهارة

Barbecues
حفلات الشواء

Diner	عشاء
Familie	أسرة
Fruit	فاكهة
Grill	شواية
Groente	خضروات
Heet	حار
Honger	جوع
Kip	دجاج
Lunch	غداء
Messen	سكاكين
Muziek	موسيقى
Peper	فلفل
Salades	السلطات
Saus	صلصة
Tomaten	طماطم
Uien	بصل
Uitnodiging	دعوة
Vorken	الشوك
Zomer	صيف
Zout	ملح

Beeldende Kunsten
الفنون البصرية

Aardewerk	الفخار
Architectuur	هندسة معمارية
Artiest	فنان
Beeldhouwwerk	النحت
Creativiteit	الإبداع
Ezel	حامل
Film	فيلم
Houtskool	فحم
Klei	طين
Krijt	طباشير
Meesterwerk	تحفة
Pen	قلم
Perspectief	منظور
Portret	صورة
Samenstelling	تكوين
Schilderij	اللوحة
Vernis	ورنيش
Was	الشمع

Behoud
الحفظ

Chemicaliën	مواد كيميائية
Duurzaam	مستدام
Ecosysteem	النظام البيئي
Fiets	دورة
Gezondheid	الصحة
Groen	أخضر
Habitat	الموئل
Klimaat	مناخ
Milieu	البيئة
Natuurlijk	طبيعي
Onderwijs	تعليم
Organisch	عضوي
Pesticide	مبيد الآفات
Recycleren	إعادة التدوير
Veranderingen	التغييرات
Verminderen	خفض
Vervuiling	التلوث
Vrijwilliger	متطوع
Water	ماء
Zorg	قلق

Beroepen #1
المهن #1

Advocaat	محام
Ambassadeur	سفير
Apotheker	صيدلي
Astronoom	فلكي
Atleet	رياضي
Bankier	مصرفي
Brandweerman	رجال الاطفاء
Cartograaf	رسام خرائط
Danser	راقصة
Dierenarts	طبيب بيطري
Dokter	طبيب
Editor	محرر
Geoloog	جيولوجي
Jager	صياد
Juwelier	صائغ
Loodgieter	سباك
Pianist	عازف البيانو
Psycholoog	علم النفس
Verpleegster	ممرض
Wetenschapper	عالم

Beroepen #2
المهن #2

Arts	طبيب
Astronaut	رائد فضاء
Bibliothecaris	أمين المكتبة
Bioloog	أحيائي
Boer	مزارع
Chirurg	جراح
Detective	محقق
Filosoof	فيلسوف
Illustrator	المصور
Ingenieur	مهندس
Journalist	صحفي
Leraar	مدرس
Linguïst	لغوي
Onderzoeker	باحث
Piloot	طيار
Schilder	دهان
Tandarts	طبيب أسنان
Tuinman	بستاني
Uitvinder	مخترع
Zoöloog	عالم الحيوان

Bijen
النحل

Bestuiver	الملقحات
Bijenkorf	خلية
Bloemen	الزهور
Bloesem	زهر
Diversiteit	تنوع
Ecosysteem	النظام البيئي
Fruit	فاكهة
Habitat	الموئل
Honing	عسل
Insect	حشرة
Koningin	ملكة
Rook	دخان
Stuifmeel	لقاح
Tuin	حديقة
Vleugels	أجنحة
Voedsel	طعام
Voordelig	مفيد
Was	شمع
Zon	شمس
Zwerm	سرب

Bijvoeglijke Naamwoorden
الصفات #1

Aantrekkelijk	جذاب
Actief	نشط
Ambitieus	طموح
Aromatisch	عطري
Artistiek	فني
Belangrijk	مهم
Diep	عميق
Donker	داكن
Dun	رقيق
Eerlijk	صادق
Exotisch	غريب
Identiek	متطابقة
Jong	شاب
Lang	طويل
Langzaam	بطيء
Modern	حديث
Onschuldig	البريء
Perfect	كامل
Waardevol	ذو قيمة
Zwaar	ثقيل

Bijvoeglijke Naamwoorden
الصفات #2

Authentiek	أصلي
Begaafd	موهوب
Beschrijvend	وصفي
Creatief	خلاق
Dramatisch	دراماتيكي
Gezond	صحي
Hongerig	جائع
Interessant	مشوق
Moe	متعب
Natuurlijk	طبيعي
Nieuw	الجديد
Normaal	عادي
Productief	إنتاجي
Slaperig	نعسان
Sterk	قوي
Trots	فخور
Verantwoordelijk	مسؤول
Wild	بري
Zout	مالح
Zuiver	نقي

Bloemen
زهور

Bloemblad	البتلة
Boeket	باقة أزهار
Gardenia	جاردينيا
Hibiscus	الكركديه
Jasmijn	ياسمين
Klaver	نفل
Lavendel	خزامى
Lelie	زنبق
Madeliefje	ديزي
Magnolia	ماغنوليا
Narcis	النرجس البري
Orchidee	السحلب
Paardebloem	الهندباء
Papaver	الخشخاش
Passiebloem	زهرة العاطفة
Pioenroos	الفاوانيا
Plumeria	بلوميريا
Roos	وردة
Tulp	توليب
Zonnebloem	عباد الشمس

Boeken
كتب

Auteur	مؤلف
Avontuur	مغامرة
Bladzijde	صفحة
Collectie	مجموعة
Context	سياق الكلام
Dualiteit	الازدواجية
Episch	ملحمة
Gedicht	قصيدة
Geschreven	مكتوب
Historisch	تاريخي
Humoristisch	روح الدعابة
Inventief	مبدع
Lezer	قارئ
Literair	أدبي
Poëzie	شعر
Relevant	ذات الصلة
Roman	رواية
Tragisch	مأساوي
Verhaal	قصة
Verteller	الراوي

Boerderij #1
مزرعة #1

Bij	نحلة
Ezel	حمار
Geit	ماعز
Hek	سياج
Hond	كلب
Honing	عسل
Hooi	تبن
Kalf	عجل
Kat	قط
Kip	دجاج
Koe	بقرة
Kraai	غراب
Kudde	قطيع
Landbouw	زراعة
Mest	سماد
Paard	حصان
Rijst	أرز
Veld	حقل
Water	ماء
Zaden	بذور

Boerderij #2
مزرعة #2

Boer	مزارع
Boomgaard	بستان
Dieren	الحيوانات
Eend	بطة
Fruit	فاكهة
Gerst	شعير
Groente	الخضروات
Herder	الراعي
Irrigatie	الري
Lama	لهب
Maïs	حبوب ذرة
Melk	حليب
Rijp	ناضج
Schaap	خروف
Schuur	حظيرة
Tarwe	قمح
Tractor	جرار
Voedsel	طعام
Weide	مرج
Windmolen	طاحونة هوائية

Boten
القوارب

Anker	مرساة
Bemanning	طاقم
Boei	عوامة
Dok	رصيف
Golven	أمواج
Jacht	يخت
Kajak	كاياك
Kano	الزورق
Mast	سارية
Meer	بحيرة
Motor	محرك
Nautisch	بحري
Oceaan	محيط
Reddingsboot	قارب نجاة
Rivier	نهر
Touw	حبل
Veerboot	العبارة
Vlot	طوف
Zee	بحر
Zeilboot	مركب شراعي

Camping
عسكرة

Avontuur	مغامرة
Berg	جبل
Bomen	الأشجار
Bos	غابة
Brand	نار
Cabine	المقصورة
Dieren	الحيوانات
Hangmat	أرجوحة
Hoed	قبعة
Insect	حشرة
Jacht	الصيد
Kaart	خريطة
Kano	الزورق
Kompas	بوصلة
Lantaarn	فانوس
Maan	قمر
Meer	بحيرة
Natuur	طبيعة
Tent	خيمة
Touw	حبل

Chocolade
شوكولاتة

Antioxidant	مضاد للأكسدة
Artisanaal	الحرفي
Bitter	مر
Cacao	الكاكاو
Eten	لتناول الطعام
Exotisch	غريب
Favoriet	مفضل
Heerlijk	لذيذ
Ingrediënt	العنصر
Karamel	كراميل
Kokosnoot	جوز الهند
Kwaliteit	جودة
Poeder	مسحوق
Recept	وصفة
Smaak	نكهة
Snoep	حلويات
Suiker	السكر
Zoet	حلو

Circus
سيرك

Aap	قرد
Acrobaat	بهلوان
Ballonnen	بالونات
Clown	مهرج
Dieren	الحيوانات
Goochelaar	ساحر
Jongleur	المحتال
Kaartje	تذكرة
Kostuum	زي
Leeuw	أسد
Magie	سحر
Muziek	موسيقى
Olifant	الفيل
Parade	موكب
Snoep	حلويات
Tent	خيمة
Tijger	نمر
Toeschouwer	المشاهد
Truc	حيلة
Vermaken	ترفيه

Dagen en Maanden
الأيام والأشهر

Augustus	أغسطس
Dinsdag	الثلاثاء
Donderdag	الخميس
Februari	فبراير
Jaar	سنة
Januari	يناير
Juli	يوليو
Juni	يونيو
Kalender	تقويم
Maand	شهر
Maandag	الاثنين
Maart	مارس
November	نوفمبر
Oktober	أكتوبر
September	سبتمبر
Vrijdag	الجمعة
Week	أسبوع
Woensdag	الأربعاء
Zaterdag	السبت
Zondag	الأحد

Dans
الرقص

Academie	الأكاديمية
Beweging	حركة
Blij	مرح
Choreografie	الكوريغرافيا
Cultureel	ثقافي
Cultuur	ثقافة
Emotie	عاطفة
Expressief	معبرة
Genade	نعمة
Houding	الموقف
Klassiek	كلاسيكي
Kunst	فن
Lichaam	جثة
Muziek	موسيقى
Partner	شريك
Repetitie	بروفة
Ritme	إيقاع
Springen	قفز
Traditioneel	تقليدي
Visueel	بصري

Dinosaurussen
الديناصورات

Aarde	أرض
Enorm	ضخم
Evolutie	تطور
Fossielen	الحفريات
Groot	كبير
Grootte	حجم
Krachtig	قوي
Mammoet	الماموث
Omnivoor	آكلة اللحوم
Prehistorisch	قبل التاريخ
Prooi	فريسة
Reptiel	الزواحف
Roofvogel	رابتور
Soort	الأنواع
Staart	ذيل
Verdwijning	اختفاء
Vicieuze	وحشي
Vleugels	أجنحة

Ecologie
علم البيئة

Bergen	الجبال
Diversiteit	تنوع
Droogte	جفاف
Duurzaam	مستدام
Fauna	الحيوانات
Flora	النباتية
Gemeenschappen	مجتمعات
Globaal	عالمي
Habitat	الموئل
Klimaat	مناخ
Marinier	البحرية
Moeras	اهوار
Natuur	طبيعة
Natuurlijk	طبيعي
Overleving	نجاة
Planten	نباتات
Soort	الأنواع
Variëteit	نوع
Vegetatie	نبت
Vrijwilligers	المتطوعون

Emoties
العواطف

Angst	خوف
Beschaamd	محرج
Dankbaar	شاكر
Droefheid	حزن
Gelukzaligheid	النعيم
Inhoud	محتوى
Kalm	هدوء
Liefde	حب
Opgewonden	متحمس
Rust	الهدوء
Sympathie	ميل
Tederheid	حنان
Tevreden	راض
Verrassing	مفاجأة
Verveling	ملل
Vrede	سلام
Vreugde	مرح
Vriendelijkheid	اللطف
Woede	غضب

Eten #1
الغذاء #1

Aardbei	فراولة
Abrikoos	مشمش
Basilicum	ريحان
Citroen	ليمون
Gerst	شعير
Kaneel	قرفة
Knoflook	ثوم
Koffie	قهوة
Melk	حليب
Peer	كمثرى
Salade	سلطة
Sap	عصير
Soep	حساء
Spinazie	سبانخ
Suiker	السكر
Tonijn	تونة
Ui	بصل
Vlees	لحم
Wortel	جزر
Zout	ملح

Eten #2
الغذاء #2

Amandel	لوز
Ananas	أناناس
Appel	تفاح
Asperge	هليون
Aubergine	باذنجان
Banaan	موز
Broccoli	بروكلي
Brood	خبز
Druif	عنب
Ei	بيضة
Ham	لحم الخنزير
Kaas	جبن
Kip	دجاج
Kiwi	كيوي
Perzik	خوخ
Rijst	أرز
Tarwe	قمح
Tomaat	طماطم
Vis	سمك
Yoghurt	زبادي

Exploratie
الاستكشاف

Activiteit	نشاط
Bepaling	عزم
Culturen	الثقافات
Dieren	الحيوانات
Gevaren	المخاطر
Leren	لتعلم
Moed	شجاعة
Nieuw	الجديد
Onbekend	غير معروف
Ontdekking	اكتشاف
Opwinding	الإثارة
Reis	السفر
Ruimte	فضاء
Taal	لغة
Terrein	التضاريس
Uitputting	نزف
Ver	بعيد
Wild	بري

Familie
عائلة

Broer	شقيق
Dochter	ابنة
Grootmoeder	جدة
Jeugd	مرحلة الطفولة
Kind	طفل
Kinderen	الأطفال
Kleinzoon	حفيد
Man	الزوج
Moeder	أم
Neef	ابن أخ
Oom	العم
Opa	جد
Tante	عمة
Tweeling	توأمان
Vader	أب
Vaderlijk	الأب
Voorouder	سلف
Vrouw	زوجة
Zus	أخت

Fruit
فاكهة

Abrikoos	مشمش
Ananas	أناناس
Appel	تفاح
Avocado	أفوكادو
Banaan	موز
Bes	بيري
Citroen	ليمون
Druif	عنب
Framboos	توت العليق
Kers	كرز
Kiwi	كيوي
Kokosnoot	جوز الهند
Mango	مانجو
Meloen	شمام
Oranje	برتقالي
Papaja	بابايا
Peer	كمثرى
Perzik	خوخ
Pruim	برقوق
Vijg	تين

Gebouwen
المباني

Ambassade	السفارة
Appartement	شقة
Bioscoop	سينما
Boerderij	مزرعة
Cabine	المقصورة
Fabriek	مصنع
Hotel	فندق
Kasteel	قلعة
Laboratorium	مختبر
Museum	متحف
Observatorium	مرصد
School	مدرسة
Schuur	حظيرة
Stadion	ملعب
Supermarkt	سوبر ماركت
Tent	خيمة
Theater	مسرح
Toren	برج
Universiteit	جامعة
Ziekenhuis	مستشفى

Geografie
الجغرافيا

Atlas	أطلس
Berg	جبل
Breedtegraad	خط العرض
Continent	قارة
Eiland	جزيرة
Evenaar	خط الاستواء
Hoogte	ارتفاع
Kaart	خريطة
Land	بلد
Lengtegraad	خط الطول
Meridiaan	ميريديان
Noorden	شمال
Oceaan	محيط
Regio	منطقة
Rivier	نهر
Stad	مدينة
Wereld	العالمية
Westen	غرب
Zee	بحر
Zuiden	جنوب

Geologie
جيولوجيا

Aardbeving	زلزال
Calcium	الكالسيوم
Continent	قارة
Erosie	تآكل
Fossiel	حفرية
Geiser	سخان
Gesmolten	مولتن
Grot	كهف
Koraal	المرجان
Kristallen	بلورات
Kwarts	مرو
Laag	طبقة
Lava	الحمم
Mineralen	المعادن
Plateau	هضبة
Steen	حجر
Vulkaan	بركان
Zone	منطقة
Zout	ملح
Zuur	حمض

Getallen
أرقام

Acht	ثمانية
Achttien	ثمانية عشر
Dertien	ثلاثة عشر
Drie	ثلاثة
Een	واحد
Negen	تسعة
Negentien	تسعة عشر
Nul	صفر
Tien	عشرة
Twaalf	اثنا عشر
Twee	اثنان
Twintig	عشرون
Veertien	أربعة عشر
Vier	أربعة
Vijf	خمسة
Vijftien	خمسة عشر
Zes	ستة
Zestien	ستة عشر
Zeven	سبعة
Zeventien	سبعة عشر

Groenten
خضروات

Artisjok	خرشوف
Aubergine	باذنجان
Broccoli	بروكلي
Erwt	البازلاء
Gember	زنجبيل
Knoflook	ثوم
Komkommer	خيار
Olijf	زيتون
Paddestoel	فطر
Peterselie	بقدونس
Pompoen	يقطين
Raap	لفت
Radijs	فجل
Salade	سلطة
Selderij	كرفس
Sjalot	الكراث
Spinazie	سبانخ
Tomaat	طماطم
Ui	بصل
Wortel	جزر

Haartypes
أنواع الشعر

Blond	أشقر
Bruin	بني
Dik	سميك
Droog	جاف
Dun	رقيق
Gekleurd	ملون
Gevlochten	مضفر
Gezond	صحي
Golvend	متموج
Grijs	رمادي
Hoofdhuid	فروة الرأس
Kaal	أصلع
Kort	قصيرة
Krullen	تجعيد الشعر
Krullend	مجعد
Lang	طويل
Wit	أبيض
Zacht	ناعم
Zilver	فضة
Zwart	أسود

Herbalisme
الأعشاب

Aromatisch	عطري
Basilicum	ريحان
Bloem	زهرة
Culinair	الطهي
Dille	شبت
Dragon	الطرخون
Groen	أخضر
Ingrediënt	العنصر
Knoflook	ثوم
Kwaliteit	جودة
Lavendel	خزامى
Marjolein	مردقوش
Oregano	توابل
Peterselie	بقدونس
Rozemarijn	إكليل الجبل
Saffraan	زعفران
Smaak	نكهة
Tijm	زعتر
Tuin	حديقة
Venkel	الشمرة

Huis
منزل

Bezem	مكنسة
Bibliotheek	مكتبة
Dak	سقف
Deur	باب
Douche	دش
Garage	كراج
Haard	مدفأة
Hek	سياج
Kamer	غرفة
Kelder	قبو
Keuken	مطبخ
Lamp	مصباح
Meubilair	أثاث
Muur	حائط
Schoorsteen	مدخنة
Slaapkamer	غرفة نوم
Spiegel	مرآة
Tapijt	سجادة
Tuin	حديقة
Zolder	علبه

Huisdieren
الحيوانات الأليفة

Dierenarts	طبيب بيطري
Geit	ماعز
Hagedis	سحلية
Hond	كلب
Kat	قط
Katje	هريرة
Klauwen	مخالب
Koe	بقرة
Konijn	أرنب
Kraag	طوق
Muis	فأر
Papegaai	ببغاء
Poten	الكفوف
Puppy	جرو
Schildpad	سلحفاة
Staart	ذيل
Vis	سمك
Voedsel	طعام
Water	ماء

Insecten
الحشرات

Bidsprinkhaan	فرس النبي
Bij	نحلة
Bladluis	المن
Cicade	الزيز
Horzel	الدبور
Kakkerlak	صرصور
Kever	خنفساء
Larve	يرقة
Libel	اليعسوب
Mier	نملة
Mot	عثة
Mug	البعوض
Sprinkhaan	جندب
Termiet	أرضة
Vlinder	فراشة
Vlo	برغوث
Wesp	دبور
Worm	دودة

Installaties
النباتات

Bamboe	بامبو
Bes	بيري
Blad	ورقة
Bloem	زهرة
Bloesem	زهر
Boom	شجرة
Boon	فاصولياء
Bos	غابة
Cactus	صبار
Flora	النباتية
Gebladerte	أوراق الشجر
Klimop	لبلاب
Kruid	عشب
Mest	سماد
Mos	طحلب
Plantkunde	علم النبات
Struik	شوب
Tuin	حديقة
Vegetatie	نبت
Wortel	جذر

Kampioenschap
بطولة

Finalist	النهائي
Games	ألعاب
Kampioen	بطل
Kampioenschap	بطولة
Liga	الدوري
Medaille	ميدالية
Motivatie	الدافع
Prestatie	الأداء
Rechter	القاضي
Sport	رياضات
Strategie	إستراتيجية
Team	فريق
Toernooi	مسابقة
Trainer	مدرب
Transpiratie	عرق
Zege	فوز

Kastelen
القلاع

Draak	تنين
Dynastie	سلالة
Edele	النبيل
Feodaal	إقطاعي
Gracht	خندق
Harnas	درع
Katapult	المنجنيق
Kerker	زنزانة
Koninkrijk	المملكة
Kroon	تاج
Muur	حائط
Paard	حصان
Paleis	قصر
Prins	أمير
Prinses	أميرة
Ridder	فارس
Rijk	إمبراطورية
Toren	برج
Zwaard	سيف

Katten
القطط

Bont	فرو
Garen	غزل
Gek	مجنون
Grappig	مضحك
Jager	صياد
Klein	قليل
Muis	فأر
Nieuwsgierig	فضولي
Onafhankelijk	مستقل
Persoonlijkheid	شخصية
Poot	مخلب
Slaap	نوم
Snel	بسرعة
Speels	لعوب
Staart	ذيل
Verlegen	خجول
Wild	بري

Keuken
مطبخ

Cup	أكواب
Eetstokjes	عيدان
Grill	شواية
Ketel	غلاية
Koelkast	ثلاجة
Kom	وعاء
Kruik	إبريق
Lepels	الملاعق
Messen	سكاكين
Oven	فرن
Pollepel	مغرفة
Pot	جرة
Recept	وصفة
Schort	مئزر
Servet	منديل
Specerijen	توابل
Spons	إسفنج
Voedsel	طعام
Vorken	الشوك
Vriezer	مجمد

Kleding
ملابس

Armband	سوار
Blouse	بلوزة
Broek	سراول
Handschoenen	قفازات
Hoed	قبعة
Jas	معطف
Jasje	السترة
Jurk	فستان
Ketting	قلادة
Mode	موضة
Pyjama	لباس نوم
Riem	حزام
Rok	تنورة
Sandalen	صندل
Schoen	حذاء
Schort	مئزر
Shirt	قميص
Sjaal	وشاح
Sokken	جوارب
Trui	سترة

Kleuren
الألوان

Azuur	أزور
Beige	بيج
Blauw	أزرق
Bruin	بني
Cyaan	أزرق سماوي
Fuchsia	فوشيا
Geel	أصفر
Grijs	رمادي
Groen	أخضر
Indigo	نيلي
Oranje	برتقالي
Paars	أرجواني
Paars	بنفسج
Rood	أحمر
Roze	وردي
Sepia	بني داكن
Wit	أبيض
Zwart	أسود

Klimmen
التسلق

Atmosfeer	الغلاف الجوي
Deskundige	خبير
Fysiek	بدني
Grot	كهف
Handschoenen	قفازات
Helm	خوذة
Hoogte	ارتفاع
Kaart	خريطة
Kracht	قوة
Laarzen	أحذية
Letsel	إصابة
Nieuwsgierigheid	الفضول
Opleiding	تدريب
Smal	ضيق
Stabiliteit	استقرار
Terrein	التضاريس
Uitdagingen	التحديات

Komedie
كوميديا

Acteur	الممثل
Actrice	ممثلة
Applaus	تصفيق
Clowns	المهرجين
Expressief	معبرة
Gelach	ضحك
Genre	النوع
Grappen	النكات
Grappig	مضحك
Humor	فكاهة
Improvisatie	الارتجال
Parodie	محاكاة ساخرة
Plezier	مرح
Publiek	الجمهور
Slim	ذكي
Televisie	تلفزيون
Theater	مسرح

Kunst
الفن

Beeldhouwwerk	النحت
Complex	مركب
Eenvoudig	بسيط
Eerlijk	صادق
Figuur	الشكل
Geïnspireerd	ملهم
Humeur	مزاج
Keramisch	سيراميك
Onderwerp	موضوع
Origineel	أصلي
Persoonlijk	شخصي
Poëzie	شعر
Portretteren	تصوير
Samenstelling	تكوين
Schilderijen	لوحات
Surrealisme	السريالية
Symbool	رمز
Uitdrukking	التعبير
Visueel	بصري

Kunstbenodigdheden
لوازم الفن

Acryl	أكريليك
Aquarellen	ألوان مائية
Borstels	فرش
Camera	كاميرا
Creativiteit	إبداع
Ezel	الحامل
Gom	ممحاة
Houtskool	فحم
Inkt	حبر
Klei	طين
Kleuren	الألوان
Lijm	صمغ
Olie	نفط
Papier	ورق
Pastel	الباستيل
Potloden	أقلام الرصاص
Stoel	كرسي
Tafel	طاولة
Verf	الدهانات
Water	ماء

Landen #2
البلدان #2

Denemarken	الدنمارك
Ethiopië	أثيوبيا
Frankrijk	فرنسا
Griekenland	اليونان
Ierland	أيرلندا
Indonesië	إندونيسيا
Japan	اليابان
Kenia	كينيا
Laos	لاوس
Libanon	لبنان
Liberia	ليبيريا
Maleisië	ماليزيا
Mexico	المكسيك
Nepal	نيبال
Nigeria	نيجيريا
Oeganda	أوغندا
Oekraïne	أوكرانيا
Rusland	روسيا
Somalië	الصومال
Syrië	سوريا

Landschappen
المناظر الطبيعية

Berg	جبل
Eiland	جزيرة
Geiser	سخان
Gletsjer	مثلجة
Grot	كهف
Heuvel	تل
Ijsberg	جبل جليد
Meer	بحيرة
Moeras	مستنقع
Oase	واحة
Oceaan	محيط
Rivier	نهر
Schiereiland	شبه جزيرة
Strand	شاطئ
Toendra	تندرا
Vallei	وادي
Vulkaan	بركان
Waterval	شلال
Woestijn	صحراء
Zee	بحر

Literatuur
الأدب

Analogie	القياس
Analyse	تحليل
Anekdote	حكاية
Auteur	مؤلف
Conclusie	استنتاج
Dialoog	حوار
Fictie	خيال
Gedicht	قصيدة
Mening	رأي
Metafoor	استعارة
Omschrijving	وصف
Poëtisch	شاعري
Rijm	قافية
Ritme	إيقاع
Roman	رواية
Stijl	نمط
Thema	موضوع
Tragedie	مأساة
Vergelijking	مقارنة
Verteller	الراوي

Meditatie
التأمل

Aandacht	انتباه
Aanvaarding	قبول
Ademhaling	التنفس
Beweging	حركة
Dankbaarheid	شكر
Emoties	العواطف
Gedachten	أفكار
Geluk	سعادة
Helderheid	وضوح
Houding	الموقف
Mededogen	عطف
Mentaal	عقلي
Muziek	موسيقى
Natuur	طبيعة
Observatie	المراقبة
Perspectief	المنظور
Stilte	الصمت
Vrede	سلام
Vriendelijkheid	اللطف
Wakker	مستيقظ

Meer Informatie
الخيال العلمي

Atoom	ذري
Bioscoop	سينما
Boeken	الكتب
Brand	نار
Denkbeeldig	وهمي
Explosie	انفجار
Extreem	متطرف
Fantastisch	رائع
Futuristisch	مستقبلية
Illusie	وهم
Klonen	استنساخ
Mysterieus	غامض
Orakel	وحي
Planeet	كوكب
Realistisch	واقعي
Robots	الروبوتات
Scenario	السيناريو
Technologie	تقنية
Utopie	يوتوبيا
Wereld	العالمية

Menselijk Lichaam
جسم الإنسان

Been	رجل
Bloed	دم
Elleboog	كوع
Enkel	كاحل
Hand	يد
Hart	قلب
Hersenen	دماغ
Hoofd	رئيس
Huid	جلد
Kaak	فك
Kin	ذقن
Knie	ركبة
Maag	المعدة
Mond	فم
Nek	رقبة
Neus	أنف
Oor	أذن
Schouder	كتف
Tong	لسان
Vinger	إصبع

Metingen
القياسات

Breedte	عرض
Byte	بايت
Centimeter	سنتيمتر
Decimaal	عشري
Diepte	عمق
Gewicht	وزن
Gram	غرام
Hoogte	ارتفاع
Inch	بوصة
Kilogram	كيلوغرام
Kilometer	كيلومتر
Lengte	الطول
Liter	لتر
Massa	كتلة
Meter	متر
Minuut	دقيقة
Ons	أوقية
Pint	نصف لتر
Ton	طن
Volume	الصوت

Muziekinstrumenten
آلات موسيقية

Banjo	البانجو
Cello	التشيلو
Fagot	باسون
Fluit	ناي
Gitaar	قيثارة
Gong	ناقوس
Harp	جنك
Hobo	المزمار
Klarinet	مزمار
Mandoline	مندولين
Marimba	ماريمبا
Mondharmonica	هارمونيكا
Percussie	قرع
Piano	بيانو
Saxofoon	ساكسفون
Tamboerijn	دف صغير
Trombone	الترومبون
Trommel	طبل
Trompet	بوق
Viool	كمان

Mythologie
الميثولوجيا

Bliksem	برق
Creatie	خلق
Cultuur	ثقافة
Donder	رعد
Doolhof	متاهة
Gedrag	سلوك
Held	بطل
Heldin	بطلة
Hemel	السماء
Jaloezie	الغيرة
Kracht	قوة
Krijger	محارب
Legende	أسطورة
Magisch	سحري
Monster	مسخ
Onsterfelijkheid	خلود
Ramp	كارثة
Sterfelijk	مميت
Wezen	مخلوق
Wraak	انتقام

Natuur
الطبيعة

Arctisch	القطب الشمالي
Bijen	النحل
Bos	غابة
Dieren	الحيوانات
Dynamisch	متحرك
Erosie	تآكل
Gebladerte	أوراق الشجر
Gletsjer	مثلجة
Heiligdom	ملاذ
Klippen	المنحدرات
Mist	ضباب
Rivier	نهر
Schoonheid	جمال
Schuilplaats	مأوى
Sereen	هادئ
Tropisch	استوائي
Vitaal	حيوي
Wild	بري
Woestijn	صحراء
Wolken	سحاب

Oceaan
محيط

Aal	ثعبان
Algen	الطحالب
Boot	قارب
Dolfijn	دولفين
Garnaal	جمبري
Getijden	المد والجزر
Golven	أمواج
Haai	قرش
Koraal	المرجان
Krab	سرطان
Kwal	قنديل البحر
Octopus	أخطبوط
Oester	محار
Schildpad	سلحفاة
Spons	إسفنج
Storm	عاصفة
Tonijn	تونة
Vis	سمك
Walvis	حوت
Zout	ملح

Om in te Vullen
للتعبئة

Bekken	حوض
Buis	أنبوب
Dienblad	صينية
Doos	علبة
Emmer	دلو
Envelop	مغلف
Fles	زجاجة
Karton	كرتون
Koffer	حقيبة سفر
Krat	قفص
Lade	الدرج
Mand	سلة
Map	مجلد
Pakje	حزمة
Pot	جرة
Vaas	زهرية
Vat	برميل
Zak	جيب

Piraten
قراصنة

Anker	مرساة
Avontuur	مغامرة
Bemanning	طاقم
Eiland	جزيرة
Gevaar	خطر
Goud	ذهب
Grot	كهف
Kaart	خريطة
Kapitein	كابتن
Kompas	بوصلة
Legende	أسطورة
Litteken	ندبة
Oceaan	محيط
Papegaai	ببغاء
Rum	رم
Schat	كنز
Slecht	سيء
Strand	شاطئ
Vlag	علم
Zwaard	سيف

Regenwoud
الغابات المطيرة

Amfibieën	البرمائيات
Behoud	حفظ
Botanisch	نباتي
Diversiteit	تنوع
Gemeenschap	ملة
Inheems	أصلي
Insecten	الحشرات
Jungle	الغابة
Klimaat	مناخ
Mos	طحلب
Natuur	طبيعة
Overleving	نجاة
Respect	احترام
Restauratie	استعادة
Soort	الأنواع
Toevlucht	ملجأ
Vogels	الطيور
Waardevol	ذو قيمة
Wolken	سحاب
Zoogdieren	الثدييات

Restaurant #1
مطعم #1

Allergie	حساسية
Bord	طبق
Brood	خبز
Eten	لتناول الطعام
Ingrediënten	مكونات
Kassier	صراف
Keuken	مطبخ
Kip	دجاج
Koffie	قهوة
Kom	وعاء
Menu	قائمة
Mes	سكين
Pittig	حار
Reservering	حجز
Saus	صلصة
Serveerster	نادلة
Servet	منديل
Toetje	حلوى
Vlees	لحم
Voedsel	طعام

Restaurant #2
مطعم رقم 2

Cake	كيك
Diner	عشاء
Drank	مشروب
Eieren	بيض
Fruit	فاكهة
Groente	خضروات
Heerlijk	لذيذ
Ijs	جليد
Lepel	ملعقة
Lunch	غداء
Noedels	المعكرونة
Ober	النادل
Salade	سلطة
Soep	حساء
Specerijen	توابل
Stoel	كرسي
Vis	سمك
Vork	شوكة
Water	ماء
Zout	ملح

Rijden
القيادة

Auto	سيارة
Brandstof	وقود
Garage	كراج
Gas	غاز
Gevaar	خطر
Kaart	خريطة
Licentie	رخصة
Motor	محرك
Motorfiets	دراجة نارية
Ongeluk	حادث
Politie	شرطة
Remmen	فرامل
Snelheid	سرعة
Straat	شارع
Tunnel	نفق
Veiligheid	أمن
Verkeer	حركة المرور
Voetganger	المشاة
Vrachtauto	شاحنة
Weg	طريق

Schaken
شطرنج

Diagonaal	قطري
Kampioen	بطل
Koning	ملك
Koningin	ملكة
Leren	ليتعلم
Offer	تضحية
Passief	مبني للمجهول
Punten	النقاط
Reglement	قواعد
Slim	ذكي
Spel	لعبه
Speler	لاعب
Strategie	إستراتيجية
Tegenstander	الخصم
Tijd	الوقت
Toernooi	مسابقة
Uitdagingen	التحديات
Wedstrijd	منافسة
Wit	أبيض
Zwart	أسود

School #1
المدرسة #1

Alfabet	الأبجدية
Antwoorden	الأجوبة
Bibliotheek	مكتبة
Boeken	الكتب
Bureau	مكتب
Examens	الامتحانات
Klaslokaal	صف
Leraar	مدرس
Leren	ليتعلم
Lunch	غداء
Mappen	المجلدات
Markeringen	علامات
Papier	ورق
Pennen	أقلام
Plezier	مرح
Potlood	قلم
Quiz	لغز
Stoel	كرسي
Vrienden	اصحاب
Wiskunde	الرياضيات

School #2
المدرسة #2

Academisch	أكاديمي
Bibliotheek	مكتبة
Boeken	الكتب
Bus	حافلة
Computer	الحاسوب
Grammatica	قواعد
Huiswerk	واجب
Kalender	تقويم
Leraar	مدرس
Literatuur	أدب
Onderwijs	تعليم
Papier	ورق
Pennen	أقلام
Potlood	قلم
Rugzak	حقيبة ظهر
Schaar	مقص
Schoenen	أحذية
Wetenschap	علم
Wiskunde	الرياضيات
Woordenboek	قاموس

Specerijen
التوابل

Anijs	اليانسون
Bitter	مر
Fenegriek	الحلبة
Gember	زنجبيل
Kaneel	قرفة
Kardemom	حب الهال
Kerrie	كاري
Knoflook	ثوم
Komijn	كمون
Koriander	كزبرة
Kruidnagel	القرنفل
Nootmuskaat	جوزة الطيب
Paprika	فلفل أحمر
Saffraan	زعفران
Smaak	نكهة
Ui	بصل
Vanille	فانيلا
Venkel	الشمرة
Zoet	حلو
Zout	ملح

Speelgoed
ألعاب

Ambachten	الحرف
Auto	سيارة
Bal	كرة
Boeken	الكتب
Boot	قارب
Drums	الطبول
Favoriet	مفضل
Fiets	دراجة
Games	ألعاب
Klei	طين
Pop	دمية
Puzzel	لغز
Robot	روبوت
Schaak	شطرنج
Trein	قطار
Verbeelding	خيال
Verf	الدهانات
Vlieger	طائرة ورقية
Vliegtuig	طائرة
Vrachtauto	شاحنة

Sport
الرياضة

Atleet	رياضي
Basketbal	كرة السلة
Beweging	حركة
Fiets	دراجة
Golf	جولف
Gymnastiek	رياضة بدنية
Hockey	هوكي
Honkbal	بيسبول
Kampioenschap	بطولة
Scheidsrechter	حكم
Spel	لعبة
Speler	لاعب
Stadion	ملعب
Team	فريق
Tennis	تنس
Trainer	مدرب
Winnaar	الفائز
Zwemmen	للسباحة

Stad
مدينة

Apotheek	صيدلية
Bakkerij	مخبز
Bank	بنك
Bibliotheek	مكتبة
Bioscoop	سينما
Bloemist	منسق زهور
Dierentuin	حديقة حيوان
Galerij	معرض
Hotel	فندق
Kliniek	عيادة
Luchthaven	مطار
Markt	سوق
Museum	متحف
Restaurant	مطعم
School	مدرسة
Stadion	ملعب
Supermarkt	سوبر ماركت
Theater	مسرح
Universiteit	جامعة
Winkel	خزن

Strand
شاطئ بحر

Blauw	أزرق
Boot	قارب
Dok	رصيف
Eiland	جزيرة
Handdoek	منشفة
Krab	سرطان
Kust	ساحل
Lagune	لاجون
Oceaan	محيط
Paraplu	مظلة
Sandalen	صندل
Schelpen	أصداف
Vakantie	عطلة
Zand	رمل
Zee	بحر
Zeilboot	مركب شراعي
Zon	شمس
Zwemmen	للسباحة

Surfen
ركوب الأمواج

Atleet	رياضي
Beginner	مبتدئ
Extreem	مفرط
Golf	موجة
Kampioen	بطل
Kracht	قوة
Maag	المعدة
Menigte	الحشود
Oceaan	محيط
Peddelen	مجداف
Plezier	مرح
Populair	شعبي
Schuim	رغوة
Snelheid	سرعة
Spray	رش
Stijl	نمط
Strand	شاطئ
Weer	طقس
Zwemmen	للسباحة

Technologie
تقنية

Bericht	رسالة
Bestand	ملف
Blog	مدونة
Browser	المتصفح
Bytes	بايت
Camera	كاميرا
Computer	الحاسوب
Cursor	المؤشر
Digitaal	رقمي
Gegevens	البيانات
Internet	إنترنت
Lettertype	خط
Onderzoek	بحث
Scherm	شاشة
Software	برمجيات
Statistiek	الإحصاء
Veiligheid	أمن
Virtueel	افتراضية
Virus	فيروس

Tijd
الوقت

Dag	يوم
Decennium	العقد
Eeuw	قرن
Gisteren	أمس
Jaar	سنة
Jaarlijks	سنوي
Kalender	تقويم
Maand	شهر
Middag	وقت الظهيرة
Minuut	دقيقة
Morgen	غدا
Na	بعد
Nacht	الليل
Nu	الآن
Ochtend	صباح
Toekomst	مستقبل
Uur	ساعة
Vandaag	اليوم
Vroeg	مبكرا
Week	أسبوع

Tuin
حديقة

Bank	مقعد
Bloem	زهرة
Boom	شجرة
Boomgaard	بستان
Garage	كراج
Gras	عشب
Hangmat	أرجوحة
Hark	أشعل النار
Hek	سياج
Onkruid	الأعشاب
Rotsen	الصخور
Schop	مجرفة
Slang	خرطوم
Struik	شوب
Terras	مصطبة
Trampoline	الترامبولين
Tuin	حديقة
Veranda	رواق
Vijver	بركة
Wijnstok	كرمة

Vakantie #2
عطلة #2

Bestemming	وجهة
Buitenlander	أجنبي
Eiland	جزيرة
Hotel	فندق
Kaart	خريطة
Kamperen	تخييم
Luchthaven	مطار
Paspoort	جواز سفر
Reis	رحلة
Reserveringen	التحفظات
Restaurant	مطعم
Strand	شاطئ
Taxi	تاكسي
Tent	خيمة
Trein	قطار
Vakantie	عطلة
Vervoer	النقل
Visum	تأشيرة
Vrije Tijd	الترفيه
Zee	بحر

Verjaardag
عيد ميلاد

Cake	كيك
Dag	يوم
Geboren	ولد
Gelukkig	سعيد
Geschenk	هدية
Herinneringen	ذكريات
Jaar	سنة
Jong	شاب
Kaarsen	الشموع
Kaarten	بطاقات
Kalender	تقويم
Leren	ليتعلم
Lied	أغنية
Plezier	مرح
Speciaal	خاص
Tijd	الوقت
Uitnodigingen	الدعوات
Viering	احتفال
Vrienden	اصحاب
Wijsheid	حكمة

Vissen
صيد الأسماك

Aas	طعم
Apparatuur	معدات
Boot	قارب
Draad	سلك
Geduld	صبر
Gewicht	وزن
Haak	خطاف
Kaak	فك
Kieuwen	خياشيم
Mand	سلة
Meer	بحيرة
Oceaan	محيط
Overdrijving	مبالغة
Rivier	نهر
Seizoen	الموسم
Strand	شاطئ
Vinnen	زعانف
Water	ماء

Vliegtuigen
الطائرات

Afdaling	اصل
Atmosfeer	الغلاف الجوي
Avontuur	مغامرة
Ballon	بالون
Bemanning	طاقم
Bouw	بناء
Brandstof	وقود
Geschiedenis	التاريخ
Hemel	سماء
Hoogte	ارتفاع
Landen	هبوط
Lucht	هواء
Motor	محرك
Navigeren	التنقل
Ontwerp	التصميم
Passagier	راكب
Piloot	طيار
Richting	اتجاه
Turbulentie	اضطراب
Waterstof	هيدروجين

Voeding
التغذية

Bitter	مر
Dieet	حمية
Eetbaar	صالح للأكل
Eetlust	شهية
Eiwitten	البروتينات
Evenwichtig	متوازن
Fermentatie	تخمير
Gewicht	وزن
Gezond	صحي
Gezondheid	الصحة
Koolhydraten	الكربوهيدرات
Kwaliteit	جودة
Saus	صلصة
Smaak	نكهة
Specerijen	توابل
Spijsvertering	هضم
Toxine	سم
Vitamine	فيتامين
Vloeistoffen	سوائل
Voedingsstof	المغذي

Voertuigen
المركبات

Ambulance	سيارة إسعاف
Auto	سيارة
Banden	الإطارات
Boot	قارب
Bus	حافلة
Caravan	قافلة
Fiets	دراجة
Helikopter	هليكوبتر
Metro	مترو
Motor	محرك
Onderzeeër	غواصة
Raket	صاروخ
Scooter	سكوتر
Taxi	تاكسي
Tractor	جرار
Trein	قطار
Veerboot	العبارة
Vliegtuig	طائرة
Vlot	طوف
Vrachtauto	شاحنة

Vogels
الطيور

Duif	حمامة
Eend	بطة
Ei	بيضة
Flamingo	نحام
Gans	إوز
Kip	دجاج
Koekoek	الوقواق
Kraai	غراب
Meeuw	نورس
Mus	عصفور
Ooievaar	اللقلق
Papegaai	ببغاء
Pauw	الطاووس
Pelikaan	البجع
Pinguïn	البطريق
Reiger	هيرون
Struisvogel	نعامة
Toekan	طوقان
Uil	بومة
Zwaan	بجعة

Vormen
الأشكال

Boog	قوس
Cilinder	اسطوانة
Cirkel	دائرة
Curve	منحنى
Driehoek	مثلث
Hoek	ركن
Hyperbool	القطع الزائد
Kant	الجانب
Kegel	مخروط
Kubus	مكعب
Lijn	خط
Ovaal	البيضاوي
Piramide	هرم
Prisma	موشور
Randen	حواف
Rechthoek	مستطيل
Ronde	مستدير
Veelhoek	مضلع
Vierkant	مربع

Wandelen
التنزه

Berg	جبل
Dieren	الحيوانات
Gevaren	المخاطر
Kaart	خريطة
Kamperen	تخييم
Klif	جرف
Klimaat	مناخ
Laarzen	أحذية
Moe	متعب
Muggen	البعوض
Natuur	طبيعة
Oriëntatie	اتجاه
Parken	الحدائق
Stenen	الحجارة
Top	قمة
Voorbereiding	تحضير
Water	ماء
Wild	بري
Zon	شمس
Zwaar	ثقيل

Water
الماء

Douche	دش
Geiser	سخان
Golven	أمواج
Ijs	جليد
Irrigatie	الري
Kanaal	قناة
Meer	بحيرة
Oceaan	محيط
Orkaan	إعصار
Overstroming	فيضان
Regen	مطر
Rivier	نهر
Sneeuw	ثلج
Stoom	بخار
Verdamping	تبخر
Vochtig	رطب
Vochtigheid	رطوبة
Vorst	صقيع

Weersomstandigheden
الطقس

Atmosfeer	الغلاف الجوي
Bewolkt	غائم
Bliksem	برق
Donder	الرعد
Droog	جاف
Droogte	جفاف
Hemel	سماء
Ijs	جليد
Klimaat	مناخ
Mist	الضباب
Overstroming	فيضان
Polair	قطبي
Regenboog	قوس قزح
Storm	عاصفة
Temperatuur	درجة الحرارة
Tornado	إعصار
Tropisch	استوائي
Vochtig	رطب
Wind	ريح
Wolk	سحابة

Wetenschap
العلوم

Atoom	ذرة
Deeltjes	الجسيمات
Evolutie	تطور
Experiment	تجربة
Feit	حقيقة
Fossiel	حفرية
Gegevens	البيانات
Hypothese	فرضية
Klimaat	مناخ
Laboratorium	مختبر
Methode	طريقة
Mineralen	المعادن
Moleculen	جزيئات
Natuur	طبيعة
Natuurkunde	الفيزياء
Observatie	المراقبة
Planten	نباتات
Wetenschapper	عالم
Zwaartekracht	جاذبية

Wetenschappelijke Discip
التخصصات العلمية

Anatomie	تشريح
Archeologie	علم الآثار
Astronomie	علم الفلك
Biologie	بيولوجيا
Chemie	كيمياء
Ecologie	علم البيئة
Fysiologie	فيزيولوجيا
Geologie	جيولوجيا
Immunologie	علم المناعة
Kinesiologie	علم الحركة
Mechanica	ميكانيكا
Mineralogie	علم المعادن
Natuurkunde	الفيزياء
Neurologie	علم الأعصاب
Plantkunde	علم النبات
Psychologie	علم النفس
Robotica	الروبوتات
Sociologie	علم الاجتماع
Voeding	تغذية
Zoölogie	علم الحيوان

Wiskunde
الرياضيات

Cijfers	الأرقام
Decimaal	عشري
Diameter	قطر
Driehoek	مثلث
Exponent	أس
Fractie	جزء
Geometrie	هندسة
Graden	درجات
Hoeken	زوايا
Loodrecht	عمودي
Omtrek	محيط
Parallel	مواز
Rechthoek	مستطيل
Rekenkundig	حساب
Som	مجموع
Symmetrie	تناظر
Veelhoek	مضلع
Vergelijking	معادلة
Vierkant	مربع
Volume	الصوت

Zomer
الصيف

Boeken	الكتب
Duiken	الغوص
Familie	أسرة
Games	ألعاب
Herinneringen	ذكريات
Kamperen	تخييم
Muziek	موسيقى
Ontspanning	استرخاء
Reis	السفر
Sandalen	صنادل
Sterren	النجوم
Strand	شاطئ
Tuin	حديقة
Vakantie	عطلة
Voedsel	طعام
Vreugde	مرح
Vrienden	اصحاب
Vrije Tijd	الترفيه
Zee	بحر
Zwemmen	للسباحة

Zoogdieren
الثدييات

Aap	قرد
Bever	سمور
Coyote	ذئب البراري
Dolfijn	دولفين
Ezel	حمار
Geit	ماعز
Giraf	زرافة
Gorilla	غوريلا
Hond	كلب
Kameel	جمل
Kangoeroe	كنغر
Kat	قط
Konijn	أرنب
Leeuw	أسد
Olifant	الفيل
Paard	حصان
Stier	ثور
Vos	فوكس
Walvis	حوت
Wolf	ذئب

Gefeliciteerd

Je hebt het gehaald!

We hopen dat u net zoveel plezier beleeft aan dit boek als wij aan het maken ervan. We doen ons best om spellen van hoge kwaliteit te maken.
Deze puzzels zijn op een slimme manier ontworpen zodat je actief kunt leren terwijl je plezier hebt!

Vond je ze mooi?

Een Eenvoudig Verzoek

Onze boeken bestaan dankzij de recensies die zij publiceren.
Kunt u ons helpen door nu een mening achter te laten ?

Hier is een korte link die u naar uw
bestellingen beoordelingspagina.

BestBooksActivity.com/Recensie50

FINAAL UITDAGING!

Uitdaging nr. 1

Klaar voor uw bonusspel? We gebruiken ze de hele tijd, maar ze zijn niet zo gemakkelijk te vinden. Hier zijn **Synoniemen!**

Noteer 5 woorden die je ontdekt hebt in elk van de onderstaande puzzels (nr. 21, nr. 36, nr. 76) en probeer voor elk woord 2 synoniemen te vinden.

Notitie 5 Woorden uit *Puzzle 21*

Woorden	Synoniem 1	Synoniem 2

Notitie 5 Woorden uit *Puzzle 36*

Woorden	Synoniem 1	Synoniem 2

Notitie 5 Woorden uit *Puzzle 76*

Woorden	Synoniem 1	Synoniem 2

Uitdaging nr. 2

Nu je opgewarmd bent, noteer 5 woorden die je ontdekt hebt in elke hieronder genoteerde puzzel (nr. 9, nr. 17, nr. 25) en probeer voor elk woord 2 antoniemen te vinden. Hoeveel regels kan je doen in 20 minuten?

Notitie 5 Woorden uit *Puzzle 9*

Woorden	Antoniem 1	Antoniem 2

Notitie 5 Woorden uit *Puzzle 17*

Woorden	Antoniem 1	Antoniem 2

Notitie 5 Woorden uit *Puzzle 25*

Woorden	Antoniem 1	Antoniem 2

Uitdaging nr. 3

Prachtig, deze finaal uitdaging 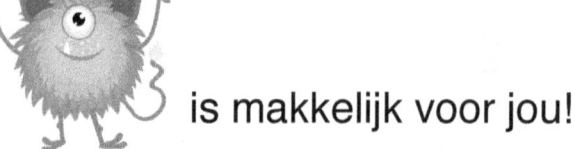 is makkelijk voor jou!

Klaar voor de laatste? Kies je 10 favoriete woorden die je in een van de puzzels hebt ontdekt en noteer ze hieronder.

1.	6.
2.	7.
3.	8.
4.	9.
5.	10.

De uitdaging is nu om met deze woorden en binnen een maximum van zes zinnen een tekst te schrijven over een persoon, dier of plaats waar je van houdt!

Tip: U kunt de laatste blanco pagina van dit boek als kladblaadje gebruiken!

Je schrijven:

NOTITIEBOEKJE:

TOT SNEL!